Guide fiscal et comptable de la TVA

Nakou Louzonzila

Guide fiscal et comptable de la TVA

L'Harmattan - Congo

5-7, rue de l'Ecole-Polytechnique, 75005 Paris

http://www.harmattan.fr
diffusion.harmattan@wanadoo.fr

ISBN : 978-2-343-02879-8
EAN : 9782343028798

AVANT-PROPOS

Le « Guide fiscal et comptable de la TVA » a pour vocation de constituer un instrument de travail pratique en favorisant la recherche des réponses aux questions les plus fréquentes liées à ce sujet.

Sa consultation ne nécessite pas des connaissances approfondies de la matière fiscale dont il traite. C'est un ouvrage destiné à tous ceux qui s'intéressent à la fiscalité, mais aussi, par sa conception, aux professionnels de l'entreprise ou de l'Administration.

Le « Guide fiscal et comptable de la TVA » ne se substitue pas aux textes légaux qu'il se contente de reprendre pour les expliciter ou les compléter par des dispositions pratiques. En ce sens, il ne constitue pas la doctrine de l'Administration.

Nous espérons ainsi répondre à l'attente du plus grand nombre.

Le guide comporte de nombreux exemples et exercices ainsi que leurs corrigés. Les noms d'entreprises et/ou de personnes sont des noms imaginaires. Toute ressemblance avec des personnes ou entreprises réelles ou ayant existé ne saurait être que pure coïncidence et ne saurait engager la responsabilité des auteurs.

PREMIÈRE PARTIE

LA TVA, PRINCIPES ET SCHÉMA D'APPLICATION

1. Qu'est-ce que la TVA ?

La TVA (Taxe sur la valeur ajoutée) est un impôt indirect sur le chiffre d'affaires qui est « fractionné » entre les opérateurs économiques qui importent, produisent et commercialisent un produit ou une prestation. Le montant de la taxe est indépendant du nombre d'intervenants.

Ce montant est égal à la somme des « fractions » de taxe acquittées successivement par chaque opérateur sur la « valeur qu'il a ajoutée » au produit.

Par exemple : Une usine importe des matières premières pour produire des tuyaux en plastique qu'elle vend à un grossiste qui les revendra ensuite à un commerçant détaillant.

Supposons que :

- le prix hors taxe de la matière première importée, soit 100.000 FCFA ;
- la valeur ajoutée par le producteur, soit 110.000 FCFA ;
- la marge du grossiste, soit 40.000 FCFA ;

Le prix de vente au détaillant sera donc de : 100.000 + 110.000 + 40.000 = 250.000 FCFA.

Le taux de la TVA étant de 18%, la TVA sur le prix de vente au commerçant détaillant sera de : 250.000 FCFA x 18% = 45.000 FCFA, d'où un prix de vente TTC de 295.000 FCFA.

Le paiement de cette taxe sera « fractionné » aux stades de l'importation, à partir de la fabrication et d'une vente en gros :

- importation : 100.000 x 18% = 18.000 FCFA ;

- fabrication : 110.000 x 18% = 19.800 FCFA ;
- vente en gros : 40.000 x 18% = 7.200 FCFA ;
Total : 45.000 FCFA.

2. Pourquoi la TVA ?

La Taxe sur la valeur ajoutée est un impôt moderne. Grâce à la généralisation du droit à déduction, elle assure la neutralité de l'impôt dans le circuit économique, ce qui n'était pas le cas avec la TCA (Taxe sur le chiffre d'affaires).

La TVA rend plus cohérent le système de taxation indirecte. Elle clarifie les composantes des coûts et des marges. Et surtout, n'étant pas un impôt pour les opérateurs économiques, elle n'est pas un frein à l'investissement, et les producteurs pourront ainsi rénover leurs installations pour améliorer leur rentabilité et compétitivité.

3. La TVA n'est-elle pas un impôt de plus ?

La TVA est effectivement un nouvel impôt, mais ce n'est pas un impôt de plus.

Elle vient simplement remplacer l'ancienne Taxe sur le chiffre d'affaires (TCA) dont le mécanisme de déduction était limité.

Avec un seul taux de 18% et de rares exceptions, quant à son application et aux règles de déduction, la TVA est plus neutre et plus simple à appliquer que la TCA.

4. Qui supporte la TVA ?

La Taxe sur la valeur ajoutée est un impôt indirect qui frappe les ventes de biens et de services.

Au Congo, sont soumises à la TVA les livraisons de biens meubles et les prestations de services effectuées à titre onéreux par un assujetti agissant en tant que tel. Il s'agit de l'assujetti légal ou « redevable », c'est-à-dire celui à qui l'administration fiscale s'adresse pour le recouvrement de la taxe.

En réalité, à chaque stade du cycle économique, le redevable :

- calcule la taxe exigible sur ses ventes de biens ou de prestations de services ;
- déduit de la taxe collectée auprès de ses clients la taxe qui a grevé les éléments constitutifs de son prix de revient (taxe déductible) ;
- ne verse en définitive à l'administration fiscale que la « TVA nette à payer qui est la différence entre TVA collectée (on dit aussi TVA brute) et TVA déductible ».

Ainsi la TVA est-elle neutre sur le résultat des opérateurs économiques (ou redevables légaux), car supportée par le consommateur final qui est le redevable réel.

La Taxe sur la valeur ajoutée est donc un impôt collecté par l'opérateur économique assujetti auprès de ses clients pour le compte de l'État, et supporté par les consommateurs.

Dans ces conditions, le non-versement de la taxe par l'entreprise redevable est une faute particulièrement grave assimilée à une escroquerie et passible de poursuites prévues par le Code général des impôts et le Code pénal.

5. Comment se calcule la TVA ?

Le paiement de la TVA est fractionné entre les différents opérateurs qui interviennent successivement dans le circuit économique.

Le mécanisme de calcul de la TVA à payer par chacun d'eux est le suivant :

1. L'entreprise calcule d'abord la TVA sur ses ventes : il s'agit de la TVA brute facturée au client ;

2. Lors de la déclaration de TVA, elle déduit du montant de la TVA brute, la TVA sur ses achats, facturée par ses fournisseurs ou payée à l'importation, appelée TVA déductible.

3. La différence entre « TVA brute sur les ventes » et « TVA déductible sur les achats » est la TVA nette à payer.

Ainsi, le système de la TVA repose sur le principe selon lequel la taxe qui a grevé les éléments constitutifs du prix de revient d'une opération taxable est déductible de la taxe calculée sur son prix de vente.

Exemple de calcul (tous les prix sont en francs CFA)

Un fabricant importe de la tôle, 10.000 HT (Hors taxes, mais droits de douane inclus), et paye la TVA à l'importation, soit 10.000 x 18% = 1.800.

Avec cette tôle, il produit 100 gobelets qu'il vend à 350 HT l'unité à un grossiste. Il établit donc une facture de 35.000 HT + TVA = 6.300 (35.000 x 18%), soit un montant de 41.300 TTC (Toutes taxes comprises).

Le grossiste revend le gobelet à un détaillant, 500 HT + TVA = 90 (18% de 500). Ses ventes s'élèvent donc à 50.000 + TVA = 9.000 (50.000 x 18%), soit un montant total TTC de 59.000.

Le détaillant revend le gobelet, 1.250 HT + TVA = 225 (18% de 1.250). Ses ventes totales s'élèvent donc à 125.000 HT + TVA = 22.500 (18% de 125.000), soit un montant total TTC de 147.500.

Le fabricant dépose sa déclaration de TVA :	
- TVA brute collectée sur ventes :	6.300
- TVA sur achats (à l'importation) :	1.800
= TVA nette à payer :	4.500

Le grossiste dépose sa déclaration de TVA :	
- TVA brute collectée sur ventes :	9.000
- TVA sur achats :	6.300
= TVA nette à payer :	2.700

Le détaillant dépose sa déclaration de TVA :	
- TVA brute collectée sur ventes :	22.500
- TVA sur achats :	9.000
= TVA nette à payer :	13.500

Au total, les 22.500 de TVA facturés par le détaillant à ses clients auront été fractionnés entre :

- 1.800 payés à l'importation ;
- 4.500 de TVA nette payée par le fabricant (6.300 collectés) ;
- 2.700 de TVA nette payée par le grossiste ;
- 13.500 de TVA nette payée par le détaillant.

Et les opérateurs économiques auront en définitive reversé 20.700 (4.500 + 2.700 + 13.500) qui correspondent bien à la taxation à 18% de la « valeur ajoutée » par l'ensemble des opérateurs économiques, soit 125.000 – 10.000 = 115.000 (Ventes HT du détaillant – importation HT de tôles).

DEUXIÈME PARTIE

GUIDE FISCAL DE LA TVA

CHAPITRE I
QUELLES SONT LES OPÉRATIONS IMPOSABLES ?

Elles sont définies par les articles 2 à 4 de la loi :

1. 1. Les importations

Toutes les importations de biens et produits non exonérés (cf. exonérations au chapitre 3 ci-après) sont soumises à la TVA quelle que soit la qualité de l'importateur.

La TVA sur importations est payée à la douane en même temps que les autres taxes et droits douaniers.

1.2. Les ventes

La livraison de biens consiste en un transfert de propriété du vendeur à l'acquéreur, même si ce transfert résulte d'une réquisition de l'autorité publique.

L'échange, l'apport en société à titre onéreux et la vente à tempérament sont assimilés à des livraisons de biens.

1.3. Les prestations de services

Les activités qui relèvent du louage d'industrie ou du contrat d'entreprise par lequel une personne s'oblige à exécuter un travail quelconque moyennant rémunération sont des prestations de services.

On citera notamment, et de manière non limitative :

- les locations de biens meubles et immeubles ;
- les opérations portant sur des biens meubles incorporels ;
- les opérations de leasing et de crédit-bail ;

- le transport de personnes et de marchandises, le transit et la manutention ;
- la fourniture d'eau, d'électricité, de gaz, de téléphone ;
- les opérations réalisées dans le cadre d'une activité libérale, de travaux d'études, de conseils, de recherches et d'expertises ;
- les ventes à consommer sur place ;
- les réparations avec ou sans pose de pièce et le travail à façon ;
- les travaux immobiliers et les travaux publics.

Il résulte de ce qui précède que les entreprises publiques situées dans le domaine industriel, commercial ou de prestations de services sont imposables à la TVA. Il s'agit en particulier de l'ATC, SNDE, SNE et CORAF, ou les entreprises qui viendraient à les substituer en cas de privatisation ou d'évolution dans le mode d'exploitation.

1.4. Les livraisons à soi-même

1.4.1. Livraison à soi-même de biens

Ceci consiste à produire, à l'aide de son personnel et de divers autres éléments achetés, des biens qui seront utilisés par l'entreprise.

Exemple : la construction d'un hangar par le personnel de l'entreprise qui utilise les poutres, parpaings, tôles et autres fournitures achetées par cette entreprise.

Dans tous les cas, les productions d'immobilisations pour soi-même doivent faire l'objet d'une écriture comptable et être incluses dans les déclarations.

1.4.2. Livraison à soi-même de prestations

C'est la production par le personnel de l'entreprise d'un service dont celle-ci est le bénéficiaire.

Exemple : entretien du matériel et des équipements de l'entreprise réalisé par son personnel.

1.4.3. Mesures de simplification en matière de livraisons à soi-même

Le strict respect de déclaration des livraisons à soi-même est lourd au plan comptable, chaque opération devant être passée en écriture.

Par mesure de simplification, il sera admis que :

- toutes les productions d'immobilisations pour soi-même soient inscrites en comptabilité et déclarées, que le bien ouvre droit à déduction ou non, puisque l'immobilisation créée doit obligatoirement être inscrite à l'actif ;

- seules les livraisons de biens ou de prestations de services à soi-même qui n'ouvriraient pas droit à déduction soient comptabilisées et déclarées (exemples : livraisons gratuites de biens au personnel, entretien de véhicules particuliers).

1.5. Autres opérations imposables

- Les subventions à caractère commercial, quelle qu'en soit la nature, perçues par les assujettis à raison de leur activité imposable ;

- Les remises de prêts et les abandons de créances ;

- La mise à la consommation et la distribution des produits pétroliers, à l'exclusion de la revente au détail des mêmes produits. Ceci concerne l'essence, le gazole et autres produits résultant de la distillation du pétrole ou des gaz de pétrole. Par vente au détail, on doit entendre les ventes réalisées par les établissements dits « stations-service ».

Il résulte de cette disposition que CORAF et HYDRO-CONGO ou les entreprises qui viendraient à les substituer, en cas de privatisation ou d'évolution dans le mode d'exploitation, sont soumises à la TVA pour la mise à la consommation des produits susvisés.

CHAPITRE II
QUI EST ASSUJETTI ?

Selon les articles 5 et 6 de la loi, complétés par l'article 26 du Code général des impôts modifié par la Loi de Finances pour 1997, sont assujetties à la TVA les personnes physiques ou morales, y compris les collectivités publiques et les organismes de droit public, qui réalisent des opérations imposables :

- à titre habituel et de façon indépendante ;
- dans le cadre d'une activité économique non gratuite ;
- à condition que leur chiffre d'affaires hors taxes soit :
  - égal ou supérieur à 60 millions de FCFA pour les livraisons de biens ;
  - égal ou supérieur à 20 millions de FCFA pour les prestations de services ou les bénéfices non commerciaux.

(**N.B.** : En deçà de ces seuils, les opérateurs sont soumis à l'Impôt global forfaitaire [IGF] qui englobe l'impôt sur les bénéfices industriels et commerciaux, la TVA, la patente, la taxe forfaitaire et la taxe d'apprentissage.)

Cela signifie qu'en aucun cas un salarié ne peut être assujetti à la TVA pour son travail, car étant lié à son employeur par un contrat de travail, il n'est pas indépendant.

Par contre, les professions libérales sont assujetties de plein droit si leur chiffre d'affaires dépasse les limites ci-dessus indiquées. Il en est de même des collectivités publiques et des organismes de droit public, sauf en ce qui concerne leurs services administratifs, socio-éducatifs, culturels et sportifs lorsque leur non-assujettissement n'entraîne pas de distorsion dans les conditions de la concurrence (article 5, alinéa 3). Il en résulte que toute facturation, ou rémunération desdits services, introduisant une distorsion concurrentielle, fait desdits organismes des assujettis, dans la mesure où les autres conditions sont remplies.

CHAPITRE III
QUELLES SONT LES EXONÉRATIONS ?

Les exonérations sont énumérées limitativement par l'article 7 de la loi, à savoir :

3.1. Les produits du cru

Sont concernées les ventes de produits du cru obtenus dans le cadre normal d'activités accomplies par les agriculteurs, les éleveurs, les pêcheurs (sauf ceux qui exploitent des bateaux de plus de 40 tonneaux par unité) et les chasseurs.

3.2. Certaines opérations à taxation spécifique

Il s'agit des opérations suivantes, qui sont soumises à des taxations spécifiques exclusives de toute taxation sur le chiffre d'affaires :

- les ventes de produits des activités extractives (produits pétroliers bruts et autres produits d'activités extractives) ;

- les intérêts, agios et autres produits perçus par les banques et les établissements de crédit ;

- les opérations liées aux contrats d'assurance et de réassurance ;

- les opérations ayant pour objet la transmission des biens immobiliers et des biens meubles incorporels passibles de droits d'enregistrement, à l'exclusion des opérations de même nature effectuées par les marchands de biens ou celles de crédits-bails.

3.3. Timbres postaux et fiscaux

Il s'agit de l'importation ou de la vente par l'État et les collectivités locales de timbres postaux, fiscaux ou de papiers timbrés.

3.4. Journaux, périodiques et divers

3.4.1. Journaux, périodiques et ouvrages scolaires

Sont concernées les opérations d'impression, d'importation et de vente de journaux, de publication, les livres, recueils, annales, mémoires, bulletins qui sont publiés dans un but d'intérêt général pour l'éducation, l'instruction, l'information du public, à l'exclusion des recettes de publicité. Pour bénéficier de cette exonération, les journaux et les publications périodiques doivent remplir les conditions prévues par la réglementation applicable en matière de presse.

Il résulte de ce qui précède que les livres, recueils, annales, mémoires et bulletins dont l'objet n'est pas strictement scolaire ou universitaire ne sauraient être exonérés. Ceci est d'ailleurs renforcé par le fait que les livres scolaires sont exonérés au 4.2 de l'article 7 (cf. 3.4.2 ci-après).

3.4.2. Œuvres d'art, imprimés électoraux, livres et fournitures scolaires

Par œuvres d'art, on doit entendre les réalisations des artistes-peintres, sculpteurs ou graveurs, voire certains artisans, dont l'activité consiste à ne produire que des œuvres uniques. Le simple fait que l'activité soit répétitive exclut lesdites œuvres de la présente définition. Cette disposition est complétée par le § 3.9 ci-dessous.

Les imprimés électoraux doivent s'entendre des affichettes, bulletins de vote et tracts officiels édités par l'État.

Les livres scolaires s'entendent de ceux destinés à l'éducation scolaire et universitaire, ne pouvant être utilisés à un autre usage. En ce qui concerne les fournitures scolaires, l'exonération ne peut concerner que les produits et biens qui ne sauraient avoir un usage mixte. Par exemple les crayons, stylos, règles et gommes ont un usage multiple, scolaire, professionnel, personnel ou familial. Ces produits ne sauraient être exonérés.

3.5. Services associatifs

Sont exonérés les services à caractère social, sanitaire, éducatif, sportif, culturel, philanthropique ou religieux, rendus par des organismes sans but lucratif dont la gestion est bénévole et désintéressée. Toutefois, les opérations réalisées par ces organismes sont taxables lorsqu'elles se situent dans un secteur concurrentiel ;

3.6. Produits de première nécessité

Il s'agit d'une liste limitative à caractère essentiellement alimentaire et comprenant :

- huiles alimentaires élaborées à partir de matières premières produites au Congo ;
- laits de toutes natures ;
- margarine, beurre, yaourt ;
- pain et farine produits au Congo, levure, gluten et améliorants du pain ;
- blé ;
- œufs, poissons, viandes et volailles, fruits et légumes produits au Congo ;
- préparations pour l'alimentation des enfants ;
- sels ;
- riz ;
- journaux et papier journal ;
- médicaments.

Par application d'un arrêté pris par le ministre de l'Économie, l'exonération des produits ci-dessus n'est plus conditionnée par leur production au Congo.

3.7. Biens exonérés par l'article 241 du Code des douanes (UDEAC)

Sont concernées les importations de biens exonérés dans le cadre de l'article 241 du Code des douanes de l'Union douanière et économique de l'Afrique centrale complété par l'acte 2/92 UDEAC 556 CE-SE1, à savoir :

- marchandises en retour dans le territoire douanier ;
- privilèges et immunités (biens importés par les diplomates ou fonctionnaires internationaux y assimilés) ;
- envois effectués dans le cadre des relations internationales d'État à État (dons offerts aux chefs d'État et de gouvernements ou dons offerts aux États) ;
- déménagements, héritages et trousseaux ;
- envois dépourvus de tout caractère commercial, à savoir :
  - marques, modèles et dessins adressés à l'Office africain et malgache de la Propriété industrielle ;
  - les objets d'art, médailles ou trophées importés par les bénéficiaires et résultant d'expositions, concours, épreuves sportives ;
  - les cercueils et urnes contenant les corps ou cendres des victimes ainsi que les objets les accompagnant (fleurs…) ;
  - les échantillons de valeur négligeable (à notre avis, de valeur unitaire inférieure ou égale à 2.000 FCFA) ;
  - les formulaires d'importation temporaire ou de circulation internationale expédiés aux associations de tourisme ;
  - les affiches et publications de propagandes pour le tourisme, si elles ne sont pas vendues, et la publicité commerciale qu'elles pourraient contenir ne dépasse pas 25% de la valeur du contenu ;
  - les pièces de monnaie ou billets destinés à la BEAC.
- importation de caractère social et religieux ;
- matériels et produits destinés à certains usages techniques privilégiés, destinés à l'Agence pour la Sécurité de la

Navigation aérienne (ASECNA) ou aux compagnies aériennes qui sont utilisées à l'intérieur d'un aéroport international.

3.8. Biens usagés

Il s'agit des ventes de biens usagés faites par les personnes qui les ont utilisés pour les besoins de leur exploitation. Par biens usagés, il faut entendre ceux qui, du fait de leur état, n'ont plus de valeur marchande (ou d'usage) et ne peuvent donc pas être considérés comme des biens d'occasion. Ainsi, une immobilisation totalement amortie peut être un bien d'occasion ou un bien usagé selon son état ou sa valeur marchande. Le prix de vente est un des indicateurs de l'application de l'exonération ou non.

3.9. Biens produits par les artistes et artisans

Ce sont les ventes réalisées par les peintres, sculpteurs, graveurs, vanniers, lorsqu'elles ne concernent que les produits de leur art, et à condition que le montant du chiffre d'affaires annuel n'excède pas vingt millions de francs CFA hors taxes.

3.10. Établissements d'enseignement

Sont concernés les établissements d'enseignement exerçant dans le cadre d'un agrément délivré par le ministère de l'Éducation nationale.

3.11. Spectacles

Les spectacles sont exonérés, mais pas les loteries et paris mutuels urbains. Ainsi, sont soumis à la TVA les jeux de divertissement organisés dans un but commercial ou financier (CGI, article 331 et suivants).

3.12. Locations civiles de terrains non aménagés

Ceci concerne uniquement les opérations relatives aux locations civiles de terrains non aménagés et de locaux nus.

3.13. Les équipements, biens ou services destinés aux activités pétrolières

Les livraisons de biens, les prestations de services, les livraisons à soi-même de biens et services, les importations de biens ou de services, dès lors qu'elles sont spécifiquement afférentes à la recherche, à la mise en valeur, à la production, au transport et à la commercialisation des hydrocarbures bruts.

Pour les biens qui seraient exonérés non pas par leur nature mais parce qu'affectés à l'exploration, la recherche ou l'exploitation pétrolière (voir chapitre 9, § 9.4 ci-après : les conditions de remboursement de la TVA aux compagnies pétrolières).

CHAPITRE IV
QUELLES SONT LES RÈGLES DE TERRITORIALITÉ ?

Elles sont définies par les articles 8 et 9 de la loi.

4.1. Quel est le principe de la territorialité ?

Toutes les affaires qui répondent aux définitions données ci-dessus, au chapitre 1, non exonérées par les dispositions du chapitre 3, sont soumises à la TVA si elles sont réalisées en république du Congo, même si le domicile, la résidence de la personne physique ou le siège social de la personne morale assujettie est situé hors des limites territoriales du Congo.

Une affaire est réputée faite au Congo :

- s'il s'agit d'une vente, lorsque le transfert de propriété et/ou la consommation est réalisée au Congo ;

- s'il s'agit d'autres opérations, lorsque le service rendu, le droit cédé ou l'objet loué sont utilisés ou exploités au Congo.

Le terme « Congo » s'entend du territoire national, de l'espace aérien, des eaux territoriales et autres zones maritimes sur lesquelles, en conformité avec le droit international, la république du Congo exerce ses droits souverains aux fins de l'exploration et de l'exploitation des ressources naturelles des fonds marins, de leurs sous-sols et des eaux subjacentes.

4.2. Exception des transports internationaux

Par exception, les opérations de transports internationaux sont réputées faites dans l'État du lieu de domicile, ou de résidence du transporteur individuel ou du siège social de la société, alors même que le principal de l'opération s'effectuerait hors de cet État.

4.3. Redevables non résidents

Le redevable non résident est tenu de désigner à l'administration fiscale un représentant solvable accrédité, résidant sur le territoire congolais, qui est solidairement responsable avec lui du paiement de l'impôt. Ce représentant doit être lui-même assujetti à la TVA.

En cas de non-désignation d'un représentant, la TVA et, le cas échéant, les pénalités afférentes doivent être payées par la personne-cliente pour le compte de la personne n'ayant pas au Congo un établissement stable ou une installation permanente.

4.4. Quelles sont les conséquences en matière d'exportations ?

Par application des règles de territorialité, les exportations constituent un transfert de propriété ou de droit à consommation à un tiers situé hors du Congo. C'est pourquoi les exportations ne sont pas imposables à la TVA au Congo.

4.5. Quelles sont les conséquences en matière d'importations ?

Par application des règles de territorialité, les importations constituent un transfert de propriété ou de droit à consommation à un redevable ou à un consommateur final se trouvant au Congo. Il en résulte que les importations doivent, sauf application des éventuelles exonérations prévues au chapitre 3 ci-dessus, supporter la TVA lors du passage en douane.

CHAPITRE V
EN QUOI CONSISTENT LE FAIT GÉNÉRATEUR ET L'EXIGIBILITÉ DE LA TVA ?

5.1. Quel est le fait générateur de la TVA ?

Selon l'article 10 de la loi, le fait générateur de la Taxe sur la valeur ajoutée est l'événement qui donne naissance à la créance de l'État. Le tableau qui suit fait le point sur les principes de détermination du fait générateur :

Opérations imposables	Fait générateur
Ventes	**Livraison des biens**
Importations, Ventes de produits pétroliers	Première mise à la consommation
Échanges de biens, Travaux à façon	Livraison des biens et marchandises
Prestations de services, Travaux immobiliers	Exécution des services et travaux
Autres affaires	Encaissement du prix
Livraisons ou prestations à soi-même	Première utilisation, ou première mise en service

5.2. A partir de quand la TVA est-elle exigible ?

L'exigibilité est traitée par l'article 11 de la loi. C'est la détermination de la date précise de constatation de la dette du redevable envers l'État.

Le tableau qui suit fait le point sur les principes de détermination de la date d'exigibilité :

Opérations imposables	**Date d'exigibilité**
Ventes, Échanges de biens, Travaux à façon, Livraisons à soi-même	Réalisation du fait générateur. En pratique, la TVA devient exigible à la date de facture.
Importations, Ventes de produits pétroliers	Lors de la mise à la consommation
Prestations de services, Travaux immobiliers, Affaires réalisées avec MAT ou les collectivités locales	Encaissement du prix ou des acomptes. En cas d'escompte d'un effet de commerce, la TVA est exigible à la date d'échéance de l'effet.

5.3. Les prestataires de services peuvent-ils payer la TVA à la date de facture ?

Oui. En application de l'article 11, alinéa 2 de la loi, les prestataires de services et les entrepreneurs de travaux immobiliers peuvent demander à la Direction générale des Impôts l'autorisation d'acquitter la TVA d'après les débits, c'est-à-dire en fonction du mois de facturation et non plus d'encaissement. Cette autorisation ne vise pas les affaires réalisées avec l'État ou les collectivités locales.

En cas de perception d'acompte avant la note de débit (facture ou note de débit), la taxe reste exigible lors de l'encaissement.

Le prestataire qui a opté et obtenu l'autorisation doit indiquer sur ses factures : « Paiement sur les Débits ».
Cette option du redevable est résiliable à tout moment à sa demande.

CHAPITRE VI
EN QUOI CONSISTE LE DROIT A DÉDUCTION ?

6.1. Le principe

La TVA ayant grevé en amont les éléments constitutifs d'une opération imposable est déductible de la Taxe sur la valeur ajoutée applicable à cette opération. Cette TVA n'est déductible que si les biens et services auxquels elle se rapporte sont nécessaires à l'exploitation.

Le droit à déduction naît lorsque la taxe devient exigible chez l'assujetti.

En cas d'omission, l'entreprise conserve le droit à déduction pendant une durée d'un an à compter de la naissance de ce droit.

En outre, la TVA dont les entreprises peuvent opérer la déduction est celle qui figure sur :

- les factures délivrées par les fournisseurs légalement autorisés à la mentionner ; notamment celle qui obéit aux critères d'inscriptions dans l'état détaillé de déduction comme justificatif qui accompagne les déclarations CA3 et CA4 ;

- les documents d'importations, qui sont :

  - la déclaration de douane ;

  - l'état de liquidation de la douane et les quittances, preuves de paiement.

- les déclarations souscrites par le redevable en cas de livraison à soi-même.

Cependant, il est opportun de savoir que, sont exclus du droit à déduction :

- la taxe ayant grevé ;
- les dépenses de logement, restauration, réception, spectacles, location de véhicules de transport des personnes ;
- les importations des biens et marchandises réexpédiées en l'état ;
- les services se rattachant à des biens exclus du droit à déduction ;
- les produits pétroliers, à l'exception des gazoles et fuels lourds utilisés par les moteurs fixes ;
- les biens cédés sans rémunération ou moyennant une rémunération très inférieure à leur prix normal, notamment à titre de commission, salaire, gratification, sauf s'il s'agit des biens d'une faible valeur.

S'agissant des cadeaux, la déduction n'est autorisée que pour les biens d'une valeur unitaire hors taxes inférieure à deux mille francs CFA.

Est également exclue du droit à déduction la taxe ayant grevé les véhicules, engins, quelle qu'en soit la nature, conçus ou aménagés pour le transport des personnes ou pour des usages mixtes, constituant une immobilisation. Il en est de même pour les pièces de rechange, accessoires et charges d'entretien et/ou réparation desdits véhicules ou engins.

Toutefois, l'exclusion ci-dessus ne concerne pas :

- les véhicules routiers comportant, outre le siège du conducteur, plus de huit places assises et utilisés par les entreprises pour le transport exclusif de leurs personnels ;

- les immobilisations des entreprises de location de véhicules ou de transport public de personnes.

6.2. Comment s'applique le droit à déduction ?

Les entreprises qui ne réalisent pas exclusivement des opérations ouvrant droit à déduction sont autorisées à déduire la TVA qui a grevé les biens et services qu'elles acquièrent par application d'un prorata de déduction.

Ce prorata est calculé à partir de la fraction du chiffre d'affaires afférent aux opérations qui ouvrent droit à déduction.

Cette fraction est le rapport entre :

- au numérateur, le montant hors taxes des recettes afférentes à des opérations soumises à la Taxe sur la valeur ajoutée augmentée du montant des exportations ;

- au dénominateur, le montant total hors taxes des recettes de toutes natures réalisées par l'assujetti, y compris le montant des exportations.

La déduction est de :
- 100% si le rapport est supérieur à 90% ;
- 80% si le rapport est supérieur à 70% et inférieur à 90% ;
- 60% si le rapport est supérieur à 50% et inférieur à70% ;
- 40% si le rapport est supérieur à 30% et inférieur à 50% ;
- 20% si le rapport est supérieur à 10% et inférieur à 30% ;
- 0% si le rapport est supérieur à 10%.

Pour la détermination des recettes afférentes aux opérations soumises à la TVA, sont exclues :

- les livraisons à soi-même et les subventions d'équipement non taxables ;

- les indemnités ne constituant pas la contrepartie d'une opération soumise à la TVA.

6.3. Quelles sont les conditions pour opérer une déduction ?

Le prorata prévu à l'article 22 est déterminé provisoirement en fonction des recettes et produits réalisés l'année précédente ou pour les nouveaux assujettis, des recettes et produits prévisionnels de l'année en cours.

Le prorata définitif est arrêté au plus tard le 1er avril de l'année suivante. Les déductions opérées sont régularisées en conséquence dans le même délai.

Parlant de la régularisation, lorsqu'un bien ayant fait l'objet d'une déduction au titre des immobilisations ne fait plus partie des actifs de l'entreprise, ou, en l'absence de sortie desdits actifs, fait l'objet d'une modification au regard du droit à déduction ; soit du fait d'un changement de réglementation, soit en raison d'un changement d'utilisation avant la fin de la troisième année qui suit celle de l'acquisition, l'assujetti est redevable d'une fraction de la taxe antérieurement déduite. Cette fraction est égale au montant de la déduction diminuée d'un cinquième par année ou fraction d'années écoulées depuis l'acquisition.

En cas de cession, si le bien constitue une immobilisation, pour l'acquérir, ce dernier peut opérer la déduction de la TVA correspondant au montant reversé par le vendeur au titre de la régularisation.

Cette déduction est subordonnée à la délivrance par le vendeur au bénéficiaire d'une attestation mentionnant le montant de la taxe déductible.

1. Le reversement de la TVA est intégralement exigé en ce qui concerne les services et biens ne constituant pas des immobilisations, lorsque ceux-ci sont utilisés pour des opérations non soumises à la TVA.

2. Pour les opérations annulées ou résiliées, la récupération de la taxe acquittée à raison de ces opérations est subordonnée à l'établissement et à l'envoi au client d'une facture nouvelle annulant et remplaçant la facture initiale.

En ce qui concerne les opérations impayées, lorsque la créance est réellement et définitivement irrécouvrable, la rectification de la facture consiste en l'envoi d'un duplicata de la facture initiale avec des indications réglementaires surchargées de la mention « facture demeurée impayée pour la somme de………………, prix hors

TVA, et pour la somme de................., TVA correspondant qui ne peut faire l'objet d'une déduction ».

3. La TVA doit figurer sur un document régulier et original (articles 19 et 28 de la Loi TVA et article 387 quater du Code général des impôts) :

- factures délivrées par les fournisseurs légalement autorisés à la mentionner ;
- documents d'importation ;
- déclarations souscrites par le redevable en cas de livraison à soi-même.

4. Le bien ou le service doit être la propriété ou à la disposition du redevable qui demande la déduction.

5. Le bien ou le service doit être exclusivement nécessaire à l'exploitation – article 18 de la loi – (et jamais aux besoins individuels ; cf. § 6.5 ci-dessous).

6. Le bien ou le service ne doit pas faire l'objet d'une exclusion du droit à déduction.

6.4. Cas particulier d'importations

Outre les conditions ci-dessus, la déduction de la TVA sur importations suppose que soient fournies, pour chaque opération (article 33 de la loi) :

- une déclaration en douane mentionnant le numéro d'identification unique (NIU) ;

- une quittance délivrée par le service de dédouanement donnant le montant de la Taxe sur la valeur ajoutée acquittée.

6.5. Quels sont les biens ou services exclus du droit à déduction ?

Les articles 20 et 21 de la loi stipulent qu'est exclue du droit à déduction la taxe ayant grevé :

6.5.1. Les dépenses à caractère mixte, entreprise/personnel

Sont concernées les dépenses de logement, hébergement, restauration, réception, spectacles, location de véhicules et transport de personnes.

6.5.2. Les importations de biens et marchandises réexpédiés en l'état

6.5.3. Les services se rattachant à des biens exclus du droit à déduction

Ceci résulte du principe juridique selon lequel « l'accessoire suit le principal ». Si un bien est exclu du droit à déduction, il est logique que les services qui peuvent se rattacher à ce bien (location, réparation, entretien, par exemple) soient aussi exclus.

6.5.4. Les produits pétroliers, sauf les gazoles et fuels lourds utilisés par les moteurs fixes, c'est-à-dire tous moteurs et/ou groupes électrogènes immobilisés sans moyens spéciaux.

6.5.5. Les biens cédés avec une rémunération faible

Sont concernés les biens cédés sans rémunération ou moyennant une rémunération très inférieure à leur prix normal, notamment à titre de commission, salaire, gratification, cadeau, quelle qu'en soit la qualité du bénéficiaire ou la forme de la distribution, sauf s'il s'agit des biens de faible valeur. S'agissant des cadeaux, la déduction n'est autorisée que pour les biens d'une valeur unitaire hors taxes inférieure à 2.000 (deux mille) francs CFA.

6.5.6. L'achat de véhicules ou engins de transport de personnes

Il s'agit ici des véhicules, quelle qu'en soit la nature, conçus ou aménagés pour le transport des personnes ou pour l'usage mixte, et constituant une immobilisation. Il en résulte que les véhicules tous terrains dénommés 4x4, pick-up, double cabine sont des véhicules mixtes exclus du droit à déduction. Par application du principe juridique selon lequel « l'accessoire suit le principal », l'exclusion du droit à déduction s'étend aux pièces de rechange, accessoires et charges d'entretien et/ou réparation, ou location desdits véhicules ou engins.

Toutefois, cette exclusion ne concerne pas :

- les véhicules routiers comportant, outre le siège du conducteur, plus de huit places assises et utilisés par les entreprises pour le transport exclusif de leurs personnels ;

- les immobilisations des entreprises de location de véhicules ou de transport public de personnes.

6.5.7. TVA afférente aux biens ou services destinés aux besoins individuels

La taxe relative aux besoins individuels des personnels, quel que soit le grade ou l'activité, est exclue du droit à déduction. Ceci résulte de l'application du principe de rattachement aux besoins de l'exploitation, laquelle ne peut s'entendre que de l'entreprise et jamais de ses personnels.

6.5.8. TVA facturée illégalement par un opérateur économique

Ceci résulte du fait que la taxe ne peut être déductible que dans la mesure où elle est devenue exigible pour l'assujetti. Or, la facturation illégale de la TVA est souvent le fait de non-assujettis, ou de facturations de taxe relative à des biens exonérés, ou de taxe relative à de fausses factures.

6.6. Que se passe-t-il pour les entreprises dont les activités sont partiellement taxables ?

Les articles 22 à 24 de la loi régissent le cas de ces entreprises.

Les entreprises qui ne réalisent pas exclusivement des opérations ouvrant droit à déduction sont autorisées à déduire la TVA qui a grevé les biens et services qu'elles acquièrent par application d'un pourcentage de déduction, aussi appelé « prorata ». Ce pourcentage est calculé à partir de la fraction du chiffre d'affaires afférent aux opérations qui ouvrent droit à déduction.

Cette fraction est le rapport existant entre le montant annuel des recettes afférentes à des opérations ouvrant droit à déduction et le montant annuel des recettes afférentes à l'ensemble des opérations réalisées par l'entreprise. Cette dernière peut retenir les sommes correspondant aux opérations pour lesquelles la date d'exigibilité de la taxe est intervenue au cours de l'année considérée. En d'autres termes, cela revient à analyser les produits de l'entreprise pour distinguer ceux qui sont imposables à la TVA de ceux qui ne le sont pas.

Les recettes s'entendent tous droits et taxes compris, à l'exception de la TVA elle-même et des droits d'accises.

Le pourcentage de déduction est arrondi à l'unité immédiatement supérieure. Il comprend :

- au numérateur, les montants hors taxes des :
  - recettes soumises à la TVA ;
  - exportations ;
  - subventions d'exploitation ;
  - livraisons à soi-même (de biens ou de services).

- au dénominateur, le montant total hors taxes des recettes de toutes natures, réalisées par l'assujetti, y compris le montant des exportations.

Pour la détermination des recettes afférentes aux opérations soumises à la TVA, sont exclues :

- les livraisons à soi-même et les subventions d'équipement non taxables ;
- les indemnités ne constituant pas la contrepartie d'une opération soumise à la TVA ;
- les remboursements de débours (on entend par là le remboursement par le client des frais engagés pour son

compte par le fournisseur et qui sont facturés à leur valeur exacte).

En fonction du résultat obtenu, on appliquera un prorata de :

- 100% si le pourcentage de déduction est supérieur à 90% ;
- 80% si le pourcentage de déduction est supérieur à 70% et inférieur à 90% ;
- 60% si le pourcentage de déduction est supérieur à 50% et inférieur à 70% ;
- 40% si le pourcentage de déduction est supérieur à 30% et inférieur à 50% ;
- 20% si le pourcentage de déduction est supérieur à 10% et inférieur à 30% ;
- 0% si le pourcentage de déduction est inférieur à 10%.

Le prorata est déterminé provisoirement en fonction des recettes et produits réalisés l'année précédente ou, pour les nouveaux assujettis, des recettes et produits prévisionnels de l'année en cours.

Le prorata définitif est arrêté au plus tard le 1er avril de l'année suivante. Les déductions opérées sont régularisées en conséquence dans le même délai.

Par exemple, une entreprise achète pour la revente en gros ou au détail des produits de toutes sortes destinés à la consommation et comprenant, entre autres, des produits alimentaires exonérés de TVA par la loi (voir chapitre 3, § 3.13 ci-dessus). Au 31 décembre 1996, son chiffre d'affaires est composé de (chiffres en millions de FCFA) :

Ventes de produits taxés : 410
Ventes de produits exonérés : 340
Ventes à l'exportation : 30

Le prorata est donc de : $\frac{410+30}{410+340+30} = 56,41\%$

arrondis à 56%

Par application du barème ci-dessus, l'entreprise devra appliquer un prorata de 60% à la TVA déductible sur ses achats et investissements. Par exemple, l'entreprise citée ci-dessus achète des marchandises pour 1.189.000 FCFA TTC dont 180.000 FCFA de TVA (et 9.000 FCFA de centimes additionnels), elle ne pourra déduire que 108.000 FCFA (soit 180.000 x 60%).

6.7. Comment s'opère le droit à déduction ?

Le droit à déduction s'opère par l'intermédiaire de la déclaration mensuelle de TVA par laquelle l'entreprise, en conformité avec sa comptabilité :

- déclare son chiffre d'affaires et la taxe collectée sur ses clients ;

- déclare la taxe déductible sur ses investissements, achats et charges, importés ou non ;

- en déduit le montant de la taxe nette due.

C'est donc par « imputation » de la taxe déductible sur la taxe collectée que la « déduction », ou « récupération », s'opère.

6.8. Existe-t-il une péremption (perte) du droit à déduction ?

L'article 18 de la Loi TVA stipule que ce droit à déduction est conservé à l'opérateur pendant une durée d'un an à compter de la naissance du droit à déduction.

CHAPITRE VII
COMMENT SE CALCULE LA TVA ?

7.1. Principe de calcul de la TVA

La TVA est le résultat de la multiplication d'une base imposable par un taux.

Exemple : Base imposable = 10.000
Taux x 18%
TVA = 1.180

7.2. De quoi se compose la base d'imposition ?

7.2.1. Définition générale

Selon l'article 12, la base d'imposition est constituée par toutes les sommes, valeurs, biens ou services perçus en contrepartie de l'opération, y compris les subventions ainsi que tous frais, taxes ou prélèvements de toutes natures y afférents, à l'exclusion de la TVA elle-même et de l'Acompte sur divers impôts (ASDI).

De façon générale, la base d'imposition est celle constituée par le montant facturé hors taxes (c'est-à-dire avant application de la TVA et éventuellement de l'ASDI), après déduction éventuelle des remises, rabais, ristournes et escomptes de caisse.

Les éléments qui entrent dans la base imposable sont ceux qui se rattachent directement à la livraison des biens ou la prestation de services, et comprend donc tous les frais y afférents, à moins qu'ils ne soient refacturés par le vendeur à leur valeur exacte (cf. ci-dessous, § 7.2.3 sur les « débours »).

Sans être exhaustif, on peut trouver les éléments suivants :
- les frais d'emballage (sauf le cas des emballages « consignés » [cf. § 7.2.3 ci-dessous]) ;

- les frais de port ou transport ;
- les frais d'assurance ;
- les intérêts pour règlement à terme ;
- les droits d'entrée (droits de douane) ;
- les frais de constitution de dossier ;
- les frais de cautionnement ;
- les taxes et impôts éventuels à l'exception de la TVA elle-même et de l'ASDI ;
- tous autres frais refacturés autrement qu'« au franc le franc » (valeur exacte) sur présentation de la copie du justificatif correspondant.

7.2.2. Cas particuliers

a) Prestations de services

La base imposable est composée de toutes les sommes et tous les avantages reçus et, le cas échéant, de la valeur des biens incorporés dans l'exécution des services, pour les prestations de services et les travaux à façon. Par exemple, la réparation d'une automobile comprend une partie « main-d'œuvre » calculée à l'heure ou au forfait et une partie « pièces ».

b) Le travail à façon

Il consiste à transformer un produit ou un objet, ou à l'adapter à des besoins spécifiques. Le façonnier est souvent une entreprise qui reçoit de son client appelé « Donneur d'Ouvrage » des matières premières, matières consommables et fournitures, et les transforme en un produit ouvré qui sera intégré par le client dans la production d'un bien plus complexe.

La base d'imposition est constituée par le coût de l'intervention du façonnier, ce qui inclut les matériaux qu'il a apportés, le coût de sa main-d'œuvre et toutes les sommes ou valeurs qui constituent la contrepartie du travail fourni.

c) Les emballages

- Emballages consignés :

Les emballages récupérables

On entend par là les emballages consignés, qu'ils soient identifiables, récupérables et réutilisables. Ceci couvre les emballages considérés comme des immobilisations (containers par exemple), ceux qui doivent être suivis en stocks (bouteilles de gaz ou de boissons par exemple).

Si les emballages sont consignés, le montant de la consignation est exclu de la base imposable. Si les emballages ne sont pas rendus dans des délais en usage dans la profession, ou dans ceux spécifiés dans le contrat de vente, ils sont considérés comme vendus et ils doivent faire l'objet d'une facture rectificative soumise à la TVA.

- Emballages perdus

Ils sont intégrés dans les factures de vente et font partie de la base imposable. Ils peuvent être intégrés dans le prix de vente des biens ou facturés sur une ligne distincte.

d) Les importations

La base imposable est composée de la valeur en douane augmentée des taxes et droits liquidés (c'est-à-dire calculés), lors du passage du cordon douanier, auprès de l'administration des douanes, y compris les droits d'accises, à l'exception de la TVA elle-même et de l'Acompte sur divers impôts.

e) Travaux immobiliers

La base imposable est composée du montant des marchés, mémoires ou factures.

f) Échanges

Pour ces opérations aussi appelées « troc », la base imposable est composée de la valeur des biens reçus en contrepartie de ceux livrés, majorée éventuellement de la soulte (partie versée en argent en sus des objets pour que l'ensemble de l'échange soit considéré comme équitable par les parties).

g) Les livraisons à soi-même

La base imposable des livraisons à soi-même de biens ou de services est le coût de revient des biens ou des services. Ce coût comprend donc la main-d'œuvre et l'ensemble des dépenses (fournitures et autres charges) engagées pour leur réalisation.

h) Les biens d'occasion

La base imposable des ventes de biens d'occasion par un négociant, qui les acquiert sans facture lui permettant de déduire la TVA sur son achat, est composée de la différence entre le prix de vente et le prix d'achat. Dans le cas contraire, la base imposable est le prix de vente.

i) Marchés de l'État

La base imposable est composée du montant des marchés toutes taxes comprises (à l'exclusion de la TVA) en ce qui concerne les marchés financés par les budgets publics, les aides ou prêts extérieurs. Ceci s'applique aussi aux marchés concernant les établissements publics à caractère industriel, commercial, scientifique, technique et administratif, les collectivités et organismes de droit public jouissant ou non de la personnalité juridique et de l'autonomie financière.

j) Opérations réalisées par les intermédiaires du commerce

Les opérations réalisées par les commissionnaires, mandataires, courtiers et autres intermédiaires ne sont soumises à la TVA que sur la seule rémunération de ces commissions, à condition que l'intermédiaire :

- ne soit rémunéré que par une commission (ou courtage) dont le taux a été fixé au préalable en fonction de l'affaire ;

- ne devienne jamais propriétaire des biens concernés par l'opération ;

- rende compte à ses commettants (donneurs d'ordres).

k) Les loteries et paris mutuels urbains

Les loteries et paris mutuels urbains sont imposés à la TVA (parce que non exonérés par l'article 7.11 de la loi). Leur base d'imposition est la rémunération des organisateurs et des intermédiaires.

7.2.3. Qu'est-ce qui est exclu de la base d'imposition ?

Sont exclus de la base d'imposition (articles 14 et 15 de la loi) :

- les remises, rabais, ristournes et escomptes de caisse consentis directement au client, à condition qu'ils figurent sur une facture initiale ou sur une facture rectificative ;

- les remboursements de frais (débours) facturés pour leur montant exact au client (on dit aussi facturés au « franc le franc ») et justifiés par une copie du document concerné ;

- les sommes perçues à titre de consignation lors de la livraison d'emballages identifiables, récupérables et réutilisables. Lorsque ces emballages n'ont pas été rendus au terme des délais en usage dans la profession, la TVA est due sur le prix de cession.

7.2.4. La base d'imposition est-elle arrondie ?

Par mesure de simplification, l'article 12 prévoit que la base d'imposition est arrondie au millier de francs CFA le plus proche. C'est donc sur ce montant arrondi qu'est calculée la taxe. Mais l'arrondi ne sert qu'au calcul de la taxe ; il est évident que le prix total net est composé de la base imposable non arrondie, des taxes et autres éléments non imposables éventuels.

7.3. Quels sont les taux de la TVA ?

Les taux de la TVA sont fixés par l'article 17 de la loi :

- taux normal : 18% applicable à toutes les opérations taxables à l'exclusion des exportations et des transports internationaux ;

- taux zéro : 0% applicable aux exportations et aux transports internationaux.

Le taux zéro s'applique uniquement aux exportations ayant fait l'objet d'une déclaration visée par les services des douanes, et aux transports internationaux. Ceci concrétise le fait que ces opérations sont imposables par nature à la TVA, mais ne la subissent pas par application des règles de territorialité.

CHAPITRE VIII
QUELLES SONT LES OBLIGATIONS DES ASSUJETTIS ?

8.1. Déclaration d'existence et demande d'enregistrement

En application de l'article 27 de la loi, tout redevable de la Taxe sur la valeur ajoutée doit (voire dans les quinze jours qui suivent le début de son activité) souscrire auprès de la Direction générale des Impôts une déclaration d'existence assortie d'une demande d'enregistrement en tant que redevable de la TVA.

De même, le redevable doit faire connaître auprès de la Direction générale des Impôts toutes modifications de sa situation et, notamment, la déclaration de cession, cessation, ou de modification.

Ces déclarations doivent intervenir dans les délais prévus aux articles 98-1 et 125 du Code général des impôts, c'est-à-dire dans les 10 jours suivant l'événement pour les personnes physiques et les 3 mois pour les personnes morales.

La Direction générale des Impôts délivre un certificat d'enregistrement ouvrant droit à l'assujettissement à la Taxe sur la valeur ajoutée et attribue au redevable un numéro d'identification unique, en abrégé NIU.

Un redevable ne peut se prévaloir de la qualité d'assujetti qu'après enregistrement et attribution d'un NIU. Par voie de conséquence, un opérateur économique, assujetti de droit et dont les opérations entrent dans le champ d'application de la TVA, mais qui n'aurait pas de NIU, ou ne l'indiquerait pas sur ses documents commerciaux (dont la facture), n'a pas le droit de collecter la taxe sur ses clients et ne peut donc pas déduire la TVA sur ses achats et ses investissements.

8.2. Obligations comptables

Elles sont régies par l'article 28 de la Loi TVA, conforme aux articles 30, 31 quater et 387 quater nouveau du Code général des impôts qui stipulent que les redevables doivent tenir une comptabilité régulière comportant :

- un livre-journal coté et paraphé ;
- un journal des ventes ;
- un journal des achats ;
- un livre d'inventaire.

La comptabilité doit être disponible au Congo au siège social ou au principal établissement de l'entreprise. Le lieu de tenue de comptabilité détermine l'Unité des Grandes Entreprises à laquelle l'entreprise sera rattachée.

Les documents comptables doivent être conservés pendant une durée de dix années, majorée éventuellement des exercices pour lesquels un crédit de Taxe sur la valeur ajoutée a été reporté et non imputé.

Les pièces justificatives relatives à des opérations ouvrant droit à déduction doivent être les documents originaux.

La Loi TVA a prévu que les redevables soumis au régime de l'impôt global forfaitaire doivent, sur une période transitoire de trois (3) ans, prendre toute mesure nécessaire pour se soumettre aux obligations développées ci-dessus. Toutefois, durant cette période, ils doivent tenir un livre coté et paraphé sur lequel il est inscrit jour par jour, sans blanc ni rature, le montant de chacune de leurs opérations en distinguant leurs opérations taxables de celles qui ne le sont pas.

8.3. Facturation

En application de l'article 29 de la Loi TVA, tout redevable de la TVA est tenu de délivrer une facture pour les opérations imposables effectuées avec d'autres assujettis. Cette facture doit obligatoirement mentionner :

- son nom et adresse exacts ainsi que son numéro d'identification unique (NIU) ;
- le numéro d'identification unique (NIU) du client s'il est assujetti ;
- la date et le n° de série de la facture ;
- Le nom et l'adresse du client ;
- la désignation et la quantité des biens ou prestations ;
- le montant des opérations hors taxes ;
- le taux de TVA appliqué et le montant de la TVA ;
- le montant toutes taxes comprises.

Un modèle de facture est proposé ci-après, 3e partie, chapitre 3, § 3.

8.4. Centimes additionnels à la TVA

Il est rappelé que la Loi TVA n'a pas abrogé les centimes additionnels qui sont de 5% de la TVA et doivent impérativement être facturés sur une ligne distincte de celle-ci. Cette procédure a été rappelée par la circulaire n° 232 du 31 juillet 1996 de la Direction générale des Impôts et des Domaines faisant la distinction entre les deux taxes et leur traitement, elle reste en vigueur. Appliquer un taux de 18,9% qui confondrait taux de TVA (18%) et taux des centimes additionnels (5% de 18%, soit 0,09) constituerait une facturation illégale de la TVA.

8.5. Conséquences de la facturation

Toute personne qui mentionne la TVA sur une facture ou sur tout autre document en tenant lieu est redevable de la taxe du seul fait de sa facturation.

Il en résulte que même si cette facturation de la TVA est illégale (opérateur non assujetti ou opération exonérée par exemple) la taxe facturée doit être reversée.

Lorsque la facture ou le document ne correspond pas à la livraison d'une marchandise ou à l'exécution d'une prestation de services, ou fait état d'un prix non acquitté effectivement par l'acheteur, la taxe est due par la personne qui l'a facturée.

CHAPITRE IX
QUAND ET COMMENT DÉCLARER ET PAYER LA TVA ?

9.1. Où et comment payer la TVA sur importations ?

La Taxe sur la valeur ajoutée est due lors du passage du cordon douanier. Elle est donc liquidée et recouvrée comme en matière de droits de douane (article 33 de la loi).

9.2. Quand faut-il déposer la déclaration de TVA et payer la taxe ?

Ces deux points sont traités par l'article 31 de la loi.

9.2.1. Déclaration mensuelle

Les redevables sont tenus de souscrire, auprès de l'Unité des Grandes Entreprises de la Direction générale des Impôts dont ils dépendent, une déclaration mensuelle en deux exemplaires conformes au modèle prescrit par l'Administration et qui doit être accompagnée du paiement. Cette déclaration concerne les opérations du mois précédent et doit être souscrite même si aucune affaire n'a été réalisée au cours du mois concerné, auquel cas la déclaration doit être revêtue de la mention « néant ».

Le décret n° 96-259 du 03 juin 1996 stipule, en son article 11, que : Les grandes entreprises dépendant de la Direction régionale des Impôts de Brazzaville et de la Direction régionale du Pool nord sont rattachées à l'Unité des Grandes Entreprises de Brazzaville. Les grandes entreprises dépendant de la Direction départementale des Impôts de Pointe-Noire et de la Direction régionale des Impôts du Niari sont rattachées à l'Unité des Grandes Entreprises de Pointe-Noire.

Toutefois, le directeur général des impôts et des domaines pourra, sur proposition du directeur des grandes entreprises, rattacher une grande entreprise à l'une ou l'autre des Unités des Grandes Entreprises en fonction de la réalité économique (ou du lieu de tenue de la comptabilité) desdites grandes entreprises et de ses établissements.

9.2.2. Dates limites de dépôt de déclaration et de paiement de la taxe

La déclaration, en deux exemplaires, et le paiement correspondant doivent être déposés au plus tard le 15 du mois suivant celui au titre duquel la déclaration est faite.

9.2.3. Cas particulier des exportateurs et des sociétés étrangères.

Les exportateurs sont tenus d'annexer à leur déclaration mensuelle les références douanières des exportations effectuées pendant le mois.

Les sociétés étrangères visées à l'article 126 ter du Code général des impôts sont tenues de déposer chaque mois une déclaration pour les opérations qu'elles effectuent sur le territoire du Congo selon les mêmes obligations et conditions que les entreprises de droit congolais.

9.3. Que se passe-t-il si la taxe déductible dépasse la taxe collectée ?

Selon l'article 36 de la loi, lorsque le montant de la taxe déductible au titre d'un mois est supérieur à celui de la taxe collectée, l'excédent constitue un crédit d'impôt imputable sur la taxe exigible le mois suivant.

Le crédit d'impôt ne peut pas faire l'objet d'un remboursement au profit de l'assujetti. Par exception, les assujettis réalisant des opérations d'exportation peuvent demander le remboursement de leur crédit de taxe en documentant un imprimé qui leur sera remis par l'administration fiscale.

Le remboursement pourra être accordé aux exportateurs dans la limite du montant de TVA qu'auraient pu supporter les exportations réalisées au cours du mois en leur appliquant le taux de TVA en vigueur.

Soit, par exemple, une entreprise forestière pour laquelle les données sont les suivantes pour un mois donné (en millions de FCFA) :

- TVA collectée sur ventes locales : 2
- Chiffre d'affaires des exportations : 120
- TVA sur achats et importations de biens et services : 4
- TVA sur achats d'immobilisations : 30

L'entreprise a donc un crédit de TVA de (4 – 2 + 30) 32 millions de FCFA.

Par application de la règle ci-dessus, elle pourra obtenir un remboursement maximum de (120 x 18%) 21,6 millions.

Le crédit de TVA dont le remboursement a été demandé ne peut donner lieu à une imputation dans la déclaration du mois suivant. Ce crédit est automatiquement annulé lorsque le remboursement a été rejeté par l'administration des impôts.

Le remboursement est refusé en cas de retard dans le paiement d'une des autres taxes ou impôts dus par l'entreprise et de la TVA elle-même au moment de la demande.

9.4. Cas particulier des compagnies pétrolières

En ce qui concerne les biens affectés à la recherche, exploration ou exploitation pétrolière, mais non exonérés expressément par le décret pris en conseil des ministres en application de l'article 7.13 de la Loi TVA (cf. deuxième partie, chapitre 3, § 3.13 ci-dessus), les compagnies pétrolières produiront auprès de l'Unité des Grandes Entreprises de Pointe-Noire une demande de remboursement de la TVA, accompagnée de tableaux détaillés (fournisseur, nature du bien, montant HT, TVA).

Ce remboursement, par chèque ou virement sur le compte BEAC de l'Unité des Grandes Entreprises, doit intervenir dans les trente jours de la demande après étude par les services de l'unité.

9.5. Quels sont les cas éventuels de régularisations ?

Il y a deux cas principaux de régularisations traités par les articles 25 et 26 de la loi :

- Les immobilisations ;
- Les ventes ou services annulés.

Il convient de rajouter à ces deux catégories les biens ou services ne constituant pas des immobilisations et changeant de destination.

9.5.1. Les immobilisations

Lorsqu'un bien a fait l'objet d'une déduction au titre des immobilisations et, avant la fin de la troisième année qui suit celle de l'acquisition :

- ne fait plus partie des actifs de l'entreprise ;
- fait l'objet d'une modification au regard du droit à déduction, soit du fait d'un changement de réglementation, soit en raison d'un changement d'utilisation,

l'assujetti est redevable d'une fraction de la taxe antérieurement déduite.

Cette fraction est égale au montant de la déduction diminuée d'un cinquième par année ou fraction d'année écoulée depuis l'acquisition.

Exemple : Un camion est acquis 100.000.000 FCFA, hors taxes plus TVA = 18.000.000, le 1er avril 1997. Il est cédé le 31 décembre 1999.

Du 01/04/1997 au 31/12/1999, il s'est écoulé 2 ans et 9 mois, soit 2,75 années. L'entreprise devra donc reverser un montant égal à :

$$18.000.000 - \frac{18.000.000 \times 2,75}{5} = 8.100.000$$

Conséquences :

a. Pour l'entreprise cédante (ou qui a subi l'une des modifications précitées), il y a un reversement de 8.100.000 FCFA qui s'opère par indication du montant à reverser sur la ligne n° 14 (reversements) de la déclaration du mois au cours duquel l'événement s'est produit.

b. En cas de cession, si le bien constitue une immobilisation pour l'acquéreur, ce dernier peut opérer la déduction de la TVA correspondant au montant reversé par le vendeur au titre de la régularisation.

Cette déduction est subordonnée à la délivrance d'une attestation remise par le vendeur au bénéficiaire et mentionnant le montant de la taxe déductible.

9.5.2. Ventes ou services annulés

La Taxe sur la valeur ajoutée acquittée à l'occasion des ventes ou des services qui sont par la suite résiliés, annulés ou restent impayés peut être récupérée par voie d'imputation sur l'impôt dû pour les opérations faites ultérieurement.

Pour les opérations annulées ou résiliées, la récupération de la taxe acquittée à raison de ces opérations est subordonnée à l'établissement et à l'envoi au client d'une facture nouvelle annulant et remplaçant la facture initiale. Il peut s'agir d'un avoir d'annulation de la facture d'origine et d'une nouvelle facture.

Pour les opérations impayées, il convient d'abord pour l'opérateur de démontrer que sa créance est irrécouvrable. La preuve de

« l'irrécouvrabilité » résulte du constat de l'échec des poursuites intentées par l'opérateur contre son débiteur. Le simple défaut de recouvrement d'une créance à l'échéance ne peut suffire à lui conférer le caractère de créance irrécouvrable.

Dans la pratique, les courriers, de préférence recommandés avec accusés de réception et/ou constats d'huissiers, sur une période suffisamment longue, formant un début de preuve. Le dépôt de bilan ou la faillite du débiteur constituent des faits suffisants ; il en est de même lorsque le débiteur a disparu sans laisser d'adresse et que ce fait a été dûment constaté.

Lorsque la créance est réellement et définitivement irrécouvrable, la rectification de la facture consiste en l'envoi d'un duplicata de la facture initiale avec les indications réglementaires, surchargée de la mention « facture demeurée impayée pour la somme de……………, prix hors TVA, et pour la somme de……………, TVA correspondante qui ne peut faire l'objet d'une déduction ».

La récupération s'opère par indication du montant sur la ligne n° 10 (compléments de déductions) de la déclaration du mois au cours duquel le droit à déduction est né.

9.5.3. Biens ou services non immobilisés et changeant de destination

Le reversement de la TVA est intégralement exigé en ce qui concerne les services et biens ne constituant pas des immobilisations, lorsque ceux-ci sont utilisés pour des opérations non soumises à la TVA. Ce peut être le cas, par exemple, pour des fournitures de bureau (et/ou papeterie) acquises par l'entreprise, mais que se seraient appropriées les personnels pour leurs besoins individuels.

Le reversement s'opère par indication du montant à reverser sur la ligne n° 15 (reversements) de la déclaration du mois au cours duquel l'événement s'est produit.

9.6. Comment établir la déclaration de TVA ?

Un modèle de déclaration CA3 est reproduit ci-contre. Elle est à la disposition des redevables auprès des Unités des Grandes Entreprises ou des Services des Impôts.

Nous prendrons trois exemples simplifiés de déclarations :

- redevable assujetti à 100% (toutes activités imposables) et dont la déclaration se solde par un reversement de TVA nette ;

- redevable assujetti à 100% (toutes activités imposables) et dont la déclaration se solde par un crédit de TVA ;

- redevable assujetti à 60% (certaines de ses activités ne sont pas imposables) et dont la déclaration se solde par un reversement de TVA nette.

Pour un cas complet, se rapporter à la quatrième partie : « Exercices et corrigés ».

9.6.1. Redevable assujetti à 100% et déclaration débitrice

Ventes imposables	128.500.000
Déductions	15.000.000

Les ventes imposables sont inscrites sur la ligne 1 de la déclaration. Les déductions sont ventilées entre les lignes 7 à 10 de la déclaration selon qu'il s'agit de TVA sur achats et charges divers (on dit « biens ne constituant pas des immobilisations, ou sur services ») ou sur immobilisations et en distinguant à chaque fois que les biens sont importés ou non. Le total des lignes de TVA déductible est indiqué en ligne 12.

Direction générale des Impôts et des Domaines
Direction des Grandes Entreprises

REPUBLIQUE DU CONGO
UNITE – TRAVAIL - PROGRES

TAXE SUR LA VALEUR AJOUTEE

MODE CA3

Déclaration du chiffre d'affaires du mois
de .... 20........
à souscrire avant le 16 du mois suivant

TIMBRE A DATE

l'Administration

IDENTIFICATION NIU

Prénom ou raison sociale ....

Adresse principale ....

Tél .... Fax .... Code : résidence : fiscale

OPERATIONS REALISEES		
Opérations imposables	1	
Livraisons à soi-même	2	
BASE TVA (lignes 1+2)	3	
Opérations non-imposables	4	
Exportations	5	
CHIFFRE D'AFFAIRES TOTAL (lignes 3 à 6)	6	

DEDUCTIONS		
Déductions sur biens ne constituant pas des immobilisations, ou sur services		
sur importations	7	
autres	8	
Déductions sur immobilisations		
sur importations	9	
Autres	10	
Régularisations		
compléments de déductions (joindre justificatifs)	11	
Report de crédit du mois précédent (déclaration précédente, ligne 18)	12	
Des déductions (lignes 7 à 12)	13	
Pourcentage des déductions	%	

DECOMPTE DES DROITS A PAYER		
TVA brute (ligne 3 x 18%)	14	+
Reversement à effectuer (motif à préciser)	15	+
TVA déductible (ligne 13)	16	-
TVA nette à payer (ligne 14 + ligne 15 - ligne 16)	17	
ou Crédit à reporter (ligne16 - ligne 14 - ligne 15)	18	

PAIEMENT (à joindre obligatoirement à la déclaration)

Montant du versement (en toutes lettres) ....

N° de Quittance

Date de paiement

Chèque ☐ à l'ordre de "Recette UGE", compte BEAC n°
Espèces ☐
Virement ☐ à l'ordre du "Recette UGE", compte BEAC n°

Réservé à l'Administration

Banque : ....
Banque n° : ....

A.................... le ....

Signature et cachet du Déclarant

La ligne 14 reçoit le résultat du calcul de la TVA (ligne 3 x 18%). Il n'y a ici que des opérations imposables, et la ligne 3 est donc le simple report de la ligne 1). La ligne 14 appelée « TVA brute » (qu'on appelle aussi « TVA collectée sur ventes ») est donc de 23.130.000 FCFA.

La ligne 26 reprend le total de TVA déductible (report de la ligne 12), soit 15.000.000 FCFA.

Il en résulte une TVA nette à payer de 8.130.000 FCFA portée en ligne 17 et qui est donc la différence entre TVA brute et TVA déductible.

9.6.2. Redevable assujetti à 100% et déclaration créditrice

Nous sommes ici en présence d'un exportateur. Les exportations ne supportent pas la TVA (voir chapitre 4, § 4.4 ci-dessus), mais, constituant des opérations non exonérées, ouvrent droit à déduction de la TVA (sauf interdictions habituelles de déduction, bien sûr).

Les ventes imposables sont indiquées en ligne 1 de la déclaration (et reportées en ligne 3, puisque dans l'exemple proposé il n'y a pas de livraisons à soi-même). Les exportations sont portées en ligne 5.

Comme d'habitude, les déductions sont ventilées entre les lignes 7 à 10 et le total en ligne 12.

La TVA collectée (TVA brute) est calculée en ligne 14 et donne 900.000 FCFA (18% de la ligne 3).

On reporte en ligne 16 le montant de la ligne 12, soit 25.000.000 FCFA et on en déduit en ligne 18 un crédit de TVA de 24.100.00 FCFA.

9.6.3. Redevable partiellement assujetti et déclaration débitrice

Le principe est le même : indication des opérations imposables en ligne 1 et report 41 montant en ligne 3. Le chiffre d'affaires exonéré est inscrit en ligne 4 (opérations non imposables). Le chiffre d'affaires total est inscrit en ligne 6.

LA TVA déductible est celle qui résulte de l'application du prorata aux achats, charges et investissements ouvrant droit à déduction. Il doit être évident qu'en fait le prorata a été appliqué à chaque opération, ce qui a permis de passer l'écriture comptable correspondante.

Dans le cas présenté, les comptes doivent présenter une TVA déductible de 7.800.000, égale à l'application du prorata de 40%

au montant de TVA déductible de base qui est dans notre exemple de 19,5 millions.

Le reste de la déclaration suit les mêmes principes que ceux exposés ci-dessus. La TVA déductible après application du prorata doit aussi être ventilée entre les lignes 7 à 10, et le prorata (40%) doit être indiqué après la ligne 13 (ligne non numérotée).

Ventes imposables	28.000.000
Ventes exonérées	12.000.000
TVA sur achats (avant application du prorata)	19.500.000

CHAPITRE X
QUELLES SONT LES PROCÉDURES DE RECOUVREMENT ET LES RÈGLES DE CONTRÔLE ?

Elles résultent de l'application des dispositions de la Loi TVA et du Code général des impôts, modifiées par la Loi de Finances pour 1997, en matière de taxes sur le chiffre d'affaires, centimes additionnels et droits d'accises.

10.1. Procédures de recouvrement

En cas de non-déclaration dans les délais, les Services des Impôts, à savoir les Unités des Grandes Entreprises, émettent des mises en demeure qui sont envoyées par tous moyens, y compris par télécopie. Ce moyen a été légalisé par la Loi de Finances pour 1996 (article 399 bis du Code général des impôts), rappelé par l'article 484, alinéa 4, modifié par la Loi de Finances pour 1997.

Faute de réponse dans les 8 jours, le redevable s'expose à des sanctions (cf. chapitre 11, § 11.1.3 ci-dessous) et à la réception d'un avis de mise en recouvrement (AMR) qui vaut commandement de payer. Faute de déclaration à la même date, une taxation d'office est effectuée par l'Unité des Grandes Entreprises.

Faute de réponse dans les 15 jours, un avis à tiers détenteur (ATD) peut être émis à l'encontre du contribuable défaillant auprès des banques, du Trésor ou de ses clients obligeant ces tiers à verser entre les mains du receveur de l'Unité des Grandes Entreprises les sommes qu'ils pourraient devoir au contribuable.

Faute de paiement dans les 30 jours qui suivent, le redevable sera interdit de participer aux marchés publics pendant 3 mois, et le public en sera averti par publication dans les journaux (article 486 bis du CGI).

Si la situation n'a pas été régularisée dans les 30 jours suivants, la Direction générale des Impôts et des Domaines pourra prononcer la fermeture partielle ou totale de l'entreprise. Pendant l'exécution de la fermeture administrative, la Direction générale des Impôts et des Domaines est autorisée à apposer sur la devanture du local fermé un avis mentionnant : « Fermé pour cause de non-paiement d'impôts ».

Toute fermeture d'une durée supérieure à quinze jours devra faire l'objet d'une autorisation de l'autorité judiciaire.

Si cela ne suffit pas, dans les quinze jours, les procédures de saisie et vente des biens saisis pourront commencer.

En cas de récidive, la Direction générale des Impôts et des Domaines pourra prononcer l'exclusion définitive des marchés publics, et l'autorité judiciaire pourra faire appliquer une peine de cinq à quinze jours d'emprisonnement.

Pour recouvrer la TVA, le receveur de l'Unité des Grandes Entreprises est assisté par des agents de poursuites qui ont qualité pour engager les poursuites avec frais (article 480 du CGI).

10.2. Règles de contrôle

Elles sont édictées par les articles 387, 387 bis, 387 quater et 388 du Code général des impôts modifiés par la Loi de Finances pour 1997 en matière de taxe sur le chiffre d'affaires, centimes additionnels et droits d'accises et tout autre impôt qui en tiendrait lieu.

Ces dispositions s'appliquent donc en matière de TVA.

10.2.1. Droit de vérification

L'article 387 du CGI stipule que seuls les agents en poste à la Direction générale des Impôts et des Domaines, ayant au moins le grade d'inspecteur, ont compétence à effectuer des vérifications. L'article 387 bis les autorise à être assistés par des agents ayant le grade de contrôleur.

L'inspecteur doit en avertir préalablement l'entreprise par écrit qui doit rappeler que le contribuable a le droit de se faire assister par un conseil. Le vérificateur doit se présenter avec son mandat.

Il résulte de ce qui précède qu'aucun agent (et peu importe qu'il ait eu par le passé le grade d'inspecteur des impôts) d'une autre administration que la Direction générale des Impôts ne saurait avoir le droit d'effectuer une quelconque enquête ou vérification chez un redevable de la TVA (et d'ailleurs de tout autre impôt ou taxe). Toute vérification de ce genre serait nulle par application du droit.

La vérification peut déboucher sur une notification qui est adressée au contribuable qui dispose d'un délai de 20 jours pour accepter ou faire connaître ses observations (article 388 du Code général des impôts).

10.2.2. Enquêtes

L'article 387 quater stipule qu'elles sont assurées par des agents ayant au moins le grade de contrôleur des impôts. L'enquêteur doit être muni d'un avis d'enquête comportant le visa de son autorité hiérarchique.

En application de l'article 387 quater, à l'issue de l'enquête, les agents des impôts établissent un procès-verbal consignant les manquements constatés ou l'absence de tels manquements, ainsi que la liste des documents dont une copie a été délivrée.

Le procès-verbal peut être utilisé dans le cadre de la procédure normale de vérification de comptabilité conforme aux dispositions des articles 387 et suivants du Code général des impôts.

CHAPITRE XI
EN QUOI CONSISTENT LES SANCTIONS ?

Elles résultent de l'application des dispositions du Code général des impôts, modifiées par la Loi de Finances pour 1997, en matière de taxes sur le chiffre d'affaires, centimes additionnels et droits d'accises.

11.1. Retard ou défaut de déclaration et/ou de paiement

11.1.1. Dépôt tardif ou défaut de déclaration d'existence

Ces deux infractions sont sanctionnées par l'article 378 du Code général des impôts :

- la perte du droit à déduction pendant la période de non-déclaration ;

- une amende de deux cent mille francs.

11.1.2. Dépôt tardif ou défaut de déclaration des modifications dans les conditions d'exercice de la profession

Cette infraction est passible d'une pénalité de cent mille francs CFA par mois de retard (article 378 du Code général des impôts). Comme en matière d'intérêts de retard, tout mois entamé est dû.

11.1.3. Dépôt tardif de la déclaration mensuelle

Cette infraction est sanctionnée par l'article 373 du Code général des impôts qui prévoit :

- un intérêt de retard égal à 5% l'an, calculé sur le montant de la taxe due sur la période qui s'écoule entre le 1er jour du mois au titre duquel la déclaration aurait dû être souscrite et le dernier jour du mois de dépôt. Lorsque la déclaration tardive ne comporte aucun droit dû, la pénalité due indépendamment de toute sanction est de vingt-cinq mille francs CFA ;

- en cas de dépôt de la déclaration mensuelle plus de huit jours après une mise en demeure, il est appliqué une pénalité de 10% par mois, tout mois entamé étant dû, sans dépasser 50% des droits éludés.

11.1.4. Paiement tardif de la taxe

Cette infraction est sanctionnée par un intérêt de retard égal à 5% l'an, calculé sur le montant de la taxe dont le paiement a été retardé sur la période qui s'écoule entre le 1er jour du mois au titre duquel la déclaration aurait dû être souscrite et le dernier jour du mois de dépôt (article 460 du Code général des impôts).

11.2. Minorations, insuffisances ou inexactitudes de déclaration

Ces infractions sont visées à l'article 374 du Code général des impôts.

Toute omission ou insuffisance constatée dans la déclaration mensuelle est sanctionnée par une pénalité de 2% par mois de retard avec un minimum de 10% et un plafond de 50 des droits éludés ou des redressements effectués, sous réserve de la bonne foi de l'entreprise.

L'omission consiste à « oublier » certains documents. Par exemple, cela peut être une facture de vente non incluse dans le chiffre d'affaires déclaré. La bonne foi peut être présumée.

L'insuffisance s'analyse en général comme une erreur de calcul. Ce peut être, par exemple, une erreur de calcul de la TVA collectée qui, dans la déclaration, est le produit du chiffre d'affaires imposable par le taux de 18%. Si le montant porté sur la déclaration est inférieur au montant réel, il y a insuffisance. Là aussi la bonne foi peut être présumée.

La minoration consiste à déclarer moins de chiffre d'affaires imposable qu'en réalité ou à augmenter la TVA déductible. Même si la bonne foi doit rester présumée, il peut y avoir là une manœuvre frauduleuse passible de pénalités aggravées.

En effet, cette pénalité peut être portée à 200% si la mauvaise foi est établie, ou en cas de manœuvres frauduleuses ou d'opposition à un contrôle fiscal.

Est considéré comme étant de mauvaise foi le contribuable qui, sciemment, a omis de passer des écritures comptables, ou qui a passé ou fait passer des écritures inexactes ou fictives dans les livres, registres et documents professionnels se rapportant à des opérations soumises à la Taxe sur la valeur ajoutée. Il en est de même de celui qui produit des pièces justificatives fausses ou reconnues inexactes, mais ayant donné lieu à facturation ou à déduction de la TVA.

La mauvaise foi peut être établie chaque fois que les Services des Impôts sont en mesure de prouver que le redevable a nécessairement eu connaissance des faits ou des situations qui motivent les redressements.

Sauf cas particulier, la répétition du défaut de déclaration ou de paiement, malgré les mises en demeure, constitue un cas de mauvaise foi du fait même de l'envoi des ordonnances.

En application du même article 374 du CGI, la facturation illégale de TVA doit donner lieu à un reversement du montant correspondant à l'administration fiscale, majoré d'une pénalité égale à celle qui s'applique en matière d'inexactitude. Sont notamment considérées comme des facturations illégales :

- la mention de la TVA sur une facture établie par un non-assujetti ;
- la facturation de la TVA pour un bien ou service exonéré ;

- l'application d'un taux de TVA différent du taux légal de 18%.

11.3. Ventes sans factures

La vente à un assujetti qui n'aurait pas fait l'objet d'une facture par le vendeur redevable de la TVA est passible d'une amende fiscale égale au double du montant de TVA dû sur la vente (article 374 du Code général des impôts).

En cas de récidive, l'amende encourue sera égale au quadruple des droits.

11.4. Fausses factures

Le cas des fausses factures est traité par l'article 374 du Code général des impôts en ses trois derniers alinéas.

La fausse facture est celle qui ne correspond pas, en partie ou en totalité, à une acquisition de biens ou à une prestation de services. L'utilisation d'une telle facture pour profiter de la déduction de la taxe facturée est sanctionnée par une pénalité de 200% des droits éludés.

Sans préjudice des poursuites pénales pouvant être engagées à son encontre, tout contribuable qui émet une telle facture est responsable du paiement d'une amende égale à la taxe ainsi facturée et, solidairement, du paiement de la pénalité de 200%.

11.5. La taxation d'office

La taxation d'office consiste pour les Services des Impôts à évaluer les bases imposables et la TVA due par le redevable qui ne s'est pas soumis à la réglementation.

Sont taxés d'office (article 516.-a du Code général des impôts) :
- les assujettis qui n'ont pas déposé dans le délai légal les déclarations mensuelles qu'ils sont tenus de souscrire ;

- les assujettis qui n'ont pas répondu dans les huit jours à une mise en demeure de déclarer ;
- les contribuables qui se sont abstenus de répondre aux demandes d'éclaircissement ou justification de l'Administration ;
- les redevables de plein droit n'ayant pas déposé de déclaration d'existence.

Cette taxation est assortie d'une pénalité de 25% des droits calculés, qui ne peut être inférieure à 1% du chiffre d'affaires réalisé pendant la période.

11.6. Les sanctions après mise en demeure et avis de mise en recouvrement

Selon l'article 486 bis du Code général des impôts et des domaines, le non-respect des obligations de déclaration, de facturation ou de paiement spontané de la TVA est passible, après mise en demeure et avis de mise en recouvrement valant commandement de payer, de :

- saisie (en distinguant la saisie mobilière et la saisie immobilière, cette dernière devant suivre une procédure juridique particulière) ;
- vente (de biens saisis) ;
- publication dans un journal ou quotidien national des noms des reliquataires ;
- exclusion temporaire des marchés publics ;
- fermeture partielle ou totale de l'entreprise. Pendant l'exécution de la fermeture administrative, la Direction générale des Impôts est autorisée à apposer sur la devanture du local fermé un avis mentionnant : « Fermé pour cause de non-paiement d'impôts ». Toute fermeture d'une durée supérieure à quinze jours devra faire l'objet d'une autorisation de l'autorité judiciaire ;
- suspension de délivrance des licences d'importation.

En cas de récidive, outre l'exclusion définitive des marchés publics, la contrainte par corps et une peine de cinq à quinze jours d'emprisonnement peuvent être prononcées par l'autorité judiciaire.

11.7. Responsabilité des dirigeants

Dans un certain nombre de cas, la responsabilité du ou des dirigeants, de droit ou de fait, (c'est-à-dire connus officiellement ou qu'on sait être les dirigeants réels) de toutes entreprises peut être engagée à titre personnel. Le cas est traité par l'article 374 du Code général des impôts.

Si un tel dirigeant est responsable de manœuvres frauduleuses ou de l'inobservation des obligations déclaratives pendant plus de deux mois, qui ont rendu impossible le recouvrement de la taxe due, ce dirigeant peut être déclaré solidairement responsable du paiement de ces impositions.

11.8. Avis à tiers détenteur (ATD)

En application de l'article 503 du Code général des impôts, les receveurs des impôts sont habilités à émettre auprès des banques, des clients de l'entreprise et du Trésor un avis à tiers détenteurs par lequel les dépositaires, détenteurs ou débiteurs de sommes appartenant ou devant revenir aux redevables de l'impôt sont tenus, sur l'injonction qui leur est faite sous forme d'avis à tiers détenteur notifié par le comptable de la TVA, de verser, en lieu et place des redevables, les fonds qu'ils détiennent ou qu'ils doivent, à concurrence des impositions dues par les redevables.

11.9. TVA sur importations

Les infractions en matière de TVA concernant les biens importés sont constatées, poursuivies et réprimées selon la réglementation des douanes.

11.10. Tableau synoptique

Le tableau ci-après résume les dispositions prises par la Loi TVA et le Code général des impôts en matière de sanctions.

Tableau synoptique des sanctions en matière de TVA

INFRACTIONS	SANCTIONS
Dépôt tardif ou défaut de déclaration d'existence	- perte du droit à déduction pendant la période de non-déclaration ; - amende de deux cent mille francs CFA.
Dépôt tardif ou défaut de déclaration des modifications dans les conditions d'exercice de la profession	- pénalité de cent mille francs CFA par mois de retard.
Dépôt tardif de la déclaration mensuelle	-intérêt de retard égal à 5% l'an de la taxe due ; minimum de 25.000 FCFA si droits néant.
Dépôt de la déclaration mensuelle plus de huit jours après une mise en demeure	- pénalité de 10% par mois, tout mois entamé étant dû, sans dépasser 50% des droits éludés.
Paiement tardif de la taxe	- intérêt de retard égal à 5% l'an de la taxe dont le paiement a été retardé.
Minorations, insuffisances ou inexactitudes de déclaration	- pénalité de 2% par mois de retard avec un minimum de 10% et un plafond de 50% des droits éludés ou des redressements effectués, sous réserve de la bonne foi de l'entreprise ; - pénalité portée à 200% si la mauvaise foi est établie, ou en cas de manœuvres frauduleuses ou d'opposition.
Vente sans facture à un assujetti	- amende de 200% des droits ; - amende de 400% si récidive.
Demande de déduction correspondant à une fausse facture	- pénalité de 200% ; - l'émetteur de la facture est solidaire du paiement de l'amende ; - possibilité de poursuites pénales.

Déclaration d'office	- assortie d'une pénalité de 2,5%, qui ne peut être inférieure à 1% du chiffre d'affaires réalisé pendant la période.
Sanctions après mise en demeure et avis de mise de recouvrement : en cas de récidive, outre l'exclusion définitive des marchés publics, la contrainte par corps et une peine de cinq à quinze jours d'emprisonnement peuvent être prononcées par l'autorité judiciaire.	- saisie ; - vente ; - publication dans un journal ou quotidien national des noms des reliquataires ; - exclusion temporaire des marchés publics ; - fermeture partielle ou totale de l'entreprise. Toute fermeture d'une durée supérieure à quinze jours devra faire l'objet d'une autorisation de l'autorité judiciaire ; - suspension de délivrance des licences d'importation. Le dirigeant d'une société, d'une personne morale ou de tout autre groupement peut être déclaré solidairement responsable du paiement de ces impositions.
TVA sur importations	- Les infractions en matière de TVA concernant les biens importés sont constatées, poursuivies et réprimées selon la réglementation des douanes.

CHAPITRE XII
QUELLES SONT LES RÈGLES DE PRESCRIPTION ?

12.1. Définition

La prescription est le fait d'atteindre un délai au-delà duquel l'Administration n'a plus le droit de vérifier et/ou de redresser des manquements éventuels du contribuable. C'est aussi l'impossibilité pour le contribuable d'effectuer des rectifications quant à sa situation fiscale (il faut en effet distinguer les obligations comptables, pour lesquelles la rectification d'erreurs est toujours possible, des obligations fiscales, pour lesquelles la prescription s'impose tant à l'Administration qu'au redevable).

12.2. Aspect légal

Les règles de prescription sont édictées par l'article 382 du Code général des impôts qui s'applique, entre autres, aux impôts visés au livre II du code. Le livre II concernait les impôts qui ont été remplacés par la taxe sur le chiffre d'affaires, lequel est abrogé par la Loi TVA. Par voie de conséquence, les règles de prescription susvisées s'appliquent automatiquement en matière de TVA.

12.3. Délais

Les omissions partielles ou totales constatées dans l'assiette de la taxe ainsi que les erreurs commises en matière de TVA peuvent être réparées jusqu'à l'expiration de la quatrième année suivant celle au titre de laquelle l'imposition est due.

Exemple : la TVA au titre de l'année 1997 peut être vérifiée et redressée jusqu'au 31 décembre 2001.

Les omissions ou insuffisances d'imposition révélées par une instance devant les tribunaux ou suite à une réclamation contentieuse peuvent être réparées jusqu'à l'expiration de la cinquième année suivant celle au titre de laquelle l'imposition est due.

Exemple : une insuffisance d'assiette (par omission ou réduction) qui concernerait l'exercice 1997 et vérifiée en décembre 2001 peut être notifiée jusqu'au 31 décembre 2002.

TROISIÈME PARTIE

MÉTHODES COMPTABLES

Par mesure de simplification, nous traiterons ici d'un cas simple, mais concret.

La Société congolaise de Distribution (SOCODIS) est une société anonyme de droit congolais établie à Mpila, B.P. n° 287, Brazzaville. Elle importe et achète aussi sur le marché local des biens divers destinés à la revente en l'état au détail, mais aussi destinés à l'exportation.

Les opérations suivantes exprimées en FCFA sont relatives au mois de mai 1997 et considérées comme réglées au comptant par compte bancaire.

Selon la tradition comptable, les écritures sont présentées comme au livre journal, à savoir :

N° de compte	Date d'opération, intitulés des comptes, libellé de l'opération	Montant débit	Montant crédit

CHAPITRE I
PRINCIPES

Nous avons vu que, sauf interdiction de déduire la taxe d'amont (celle qui a grevé les achats, charges et investissements), la TVA n'est pas un impôt pour l'opérateur économique, qui n'en est que le collecteur. Il en résulte que :

- la TVA collectée sur les ventes doit être reversée à l'État. Ce n'est donc pas une recette pour l'assujetti, et la TVA collectée doit être comptabilisée au crédit d'un compte 43 « État ».
- la TVA qui a grevé les éléments du coût de revient des ventes est soit déductible, soit non déductible. Dans le premier cas, il s'agit d'une créance de l'entreprise sur MAT, et la TVA déductible sera débitée dans un compte 43 « État ». Si la TVA n'est pas déductible, son montant fait partie du coût de l'achat et la taxe doit figurer dans le même compte que le bien ou le service.

Les comptes propres à la TVA sont listés ci-dessous. Dans la mesure où l'entreprise doit collecter les centimes additionnels à la TVA (cf. deuxième partie, chapitre 8, § 8.4 ci-dessus) et peut devoir facturer les droits d'accises, les comptes correspondants figurent dans la présente liste :

4343	**TVA**
43432	TVA déductible sur immobilisations
434320	TVA déductible sur immobilisations, importations
434321	TVA déductible sur immobilisations, achats locaux
43434	Crédit de TVA
43435	TVA nette à décaisser
43436	TVA déductible sur biens et services
434360	TVA déductible sur biens et services, importations
434361	TVA déductible sur biens et services, achats locaux

43437	TVA collectée
43439	TVA à régulariser
434391	Reversements sur immobilisations
434392	Reversements sur biens et services
434393	Déductions complémentaires - omissions sur immobilisations
434394	Déductions complémentaires - omissions sur biens et services
434395	Déductions complémentaires - annulation de produits
4344	Droits d'accises
4345	Centimes additionnels à la TVA

Il n'y a pas d'obligation pour les redevables d'utiliser des comptes détaillés tels que ceux préconisés ici en ce qui concerne la TVA déductible. Il est néanmoins fortement conseillé de le faire, ce qui simplifie tout particulièrement la documentation de la déclaration mensuelle.

Il en est de même pour le chiffre d'affaires. Les comptes de ventes par natures pourraient être détaillés en distinguant :

- les ventes taxables ;
- les ventes exonérées ;
- les ventes à l'exportation.

Il est possible d'obtenir le détail des ventes comme de la TVA déductible par un ou des codes introduits dans les logiciels comptables. Encore faut-il le prévoir.

CHAPITRE II
COMPTABILISATION DE LA TVA SUR ACHATS ET CHARGES

Nous considérerons que l'entreprise utilise la méthode dite des inventaires intermittents.

1. Charges et achats locaux

1.1. TVA déductible

Facture n° 9655 du 03/05/96 de Mme Iloki
Achat local de 1.000 paniers

- Prix unitaire hors taxes : 500
- Prix total hors taxes : 500.000
- TVA 18% : 90.000
- Centimes additionnels 5% de la TVA : 4.500
- Prix total TTC : 594.500

Rien n'interdit la déduction de la TVA sur achat de paniers, et la TVA est donc déductible. Elle est considérée comme une créance sur l'État, et donc enregistrée au débit du compte 434361 « TVA déductible sur achats de biens et services, achats locaux ».

L'écriture est la suivante :

	05/05/1997		
600	Achats de marchandises	504.500	
434361	TVA déductible sur achats de biens et services, achats locaux	90.000	
56	Banques		594.500
	Fact. n° 9655 du 03/05, achat de 1.000 paniers		

1.2. TVA non déductible

Facture n° 167 du 08/05/96 d'Hertz
Location d'une Peugeot 306 sur 5 jours

- Par jour 40.000, hors taxes
- Prix total hors taxes : 200.000
- TVA 18% : 36.000
- Centimes additionnels : 1.800
- Prix total TTC : 237.800

La TVA sur location de véhicules particuliers n'est pas déductible (article 20 de la loi et § 6.5.1, chapitre 6, deuxième partie ci-dessus). Dans ces conditions, elle fait partie du coût de la location qui est enregistrée TTC dans les charges.

L'écriture est la suivante :

	10/05/1997		
600	Locations	237.800	
56	Banques		237.800
	Fact. Hertz n° 167 du 03/06, location Peugeot 306, 5 jours		

2. Immobilisations

Facture n° 2A87 du 23/05/96 – STRUCTOR
Achat d'un camion de livraison

- 50.000.000 hors taxes
- TVA 18% : 9.000.000
- Centimes additionnels 5% de la TVA : 450.000
- Prix total TTC : 1.426.800

L'achat d'un camion de livraison rentre dans les besoins normaux de l'exploitation, et rien n'interdit la déductibilité de la taxe. Celle-ci figurera au débit d'un compte 434321 « TVA déductible sur immobilisations, achats locaux ».

L'écriture est la suivante :

	27/05/1997		
2241	Matériel de transport -Véhicules utilitaires	50.450.000	
434321	TVA déductible sur immobilisations, achats locaux	9.000.000	
56	Banques		59.450.000
	Fact. n° 2A87 STRUCTOR du 23/05/96, achat d'un camion		

3. Cas des importations

Importation de 50 téléviseurs d'origine japonaise

- Facture n° 456/96 du 02/05/96 de Sony (Tokyo-Japon)
  - Prix unitaire hors taxes, hors droits, prix rendu ; Maya-Maya, Brazzaville
  - Prix total hors taxes, hors droits : 10.000.000

- Documents douaniers (via SDV-Congo, dédouanement du 18/05/96)
  - Droits de douane, 72% : 7.200.000
  - Prestation du transitaire : 100.000 hors taxes
  - TVA, 18% sur 34.500.000 : 3.114.000
  - Prix total TTC : 10.414.000

L'importation se traite exactement comme un achat local, mais avec certaines particularités :

- en général, la facture du fournisseur et les documents douaniers sont comptabilisés en deux fois, car n'arrivant pas en même temps ;
- les droits de douane et services des transitaires font partie intégrante du coût de l'importation et sont comptabilisés dans les mêmes comptes d'achats, stocks ou immobilisations ;

- la TVA acquittée en douane suit exactement les mêmes principes que celle sur achats locaux.

Ici, l'importation de téléviseurs rentre bien dans l'objet de SOCODIS, et, rien dans la loi n'interdisant la déductibilité de la TVA sur les téléviseurs, cette TVA est déductible et est donc débitée au compte 434360 « TVA déductible sur achats de biens et services, importations ».

	10/05/1997		
600	Achats de marchandises	10.000.000	
56	Banques		10.000.000
	Fact. Sony n° 456/96 du 02/05/97, importation de 50 téléviseurs		
	20/05/1997		
600	Achats de marchandises	7.300.000	
434360	TVA déductible sur achats de biens et services, importations	3.114.000	
56	Banques		10.414.000
	Note de débit SDV du 18/05/1997 relative à l'import de 50 télés de marque Sony		

4. Cas des entreprises avec prorata

Dans le cas des entreprises dont l'activité est partiellement imposable et qui doivent donc appliquer un prorata à la TVA déductible sur leurs achats, charges ou immobilisations, les règles de comptabilisations sont absolument identiques à celles exposées ci-dessus. Il suffit simplement d'appliquer le prorata au montant de TVA théoriquement déductible. Le montant obtenu doit être inscrit dans le compte de TVA déductible ad hoc. Le reste de la TVA (donc non déductible) fait donc partie du coût des achats ou charges, ou immobilisations.

Nous prendrons pour exemple le § 1.1 ci-dessus en considérant que le prorata est de 60%. La TVA déductible de base est de 90.000. Par application du prorata, la TVA déductible autorisée est de 54.000 (90.000 x 60%).

La partie de TVA non déductible – soit 36.000 – est donc ajoutée au montant de l'achat qui était de 504.500 (donc 4.500 de centimes additionnels). Le compte d'achat est donc débité maintenant de 54.500. Nous aurons donc l'écriture suivante :

	05/05/1997		
600	Achats des marchandises	540.500	
434361	TVA déductible sur achats des biens et services, achats locaux	54.000	
56	Banques		594.500
	Fact. n° 9655 du 03/05, achat de 1.000 paniers		

CHAPITRE III
COMPTABILISATION DE LA TVA COLLECTÉE SUR VENTES OU AUTRES PRODUITS

I. Comptabilisation de la TVA collectée

Facture 96/89 du 28/05/96, vente à l'Université Marien Ngouabi de 20 téléviseurs :

- Prix unitaire hors taxes
- Remise de 10%
- Prix total hors taxes
- TVA 18% : 1.620.000
- Centimes additionnels
- Prix total TTC : 10.701.000

Les ventes aux établissements publics doivent supporter la TVA qui n'est pas déductible pour eux puisqu'ils ne sont pas assujettis. La TVA est donc bien collectée et doit être créditée au compte 43437 « TVA collectée sur ventes de marchandises ».

	28/05/1997		
56	Banques	11.890.000	
43437	TVA collectée		1.800.000
4342	Centimes additionnels à la TVA		90.000
700	Ventes de marchandises		10.000.000
	Fact. n° 96/89 du 28/05/1997, 20 télés de marque Sony à l'Université Marien Ngouabi		

2. Les livraisons à soi-même

SOCODIS dispose d'un établissement à Pointe-Noire où son personnel de manutention a construit en juillet et août 1997 un petit hangar de stockage avec des poutres, poutrelles, tôles, ciment, et fournitures diverses achetées par l'entreprise.

Les travaux une fois terminés, le 10 septembre 1997, SOCODIS estime le coût de revient de l'opération à 15 millions de FCFA, hors taxes. Les livraisons à soi-même sont imposables à la TVA (cf. deuxième partie, chapitre 1, § 1.2, ci-dessus), et donc aussi aux centimes additionnels qui sont assis sur la TVA. Mais un hangar de stockage est (en général) lié à l'exploitation et, rien dans la loi ne l'interdisant, la TVA sur livraisons à soi-même est déductible le même mois que sa déclaration. Il s'agit donc, pour la TVA, d'une opération neutre qui doit apparaître dans la déclaration à double titre : TVA collectée et TVA déductible. Il est donc préconisé de passer l'écriture complète ainsi qu'il suit :

	10/09/1997		
2200	Immeubles industriels et commerciaux	15.135.000	
434321	TVA déductible sur immobilisations, achats locaux	2.700.000	
43437	TVA collectée		2.700.000
4342	Centimes additionnels à la TVA		135.000
730	Production de l'entreprise pour elle-même		2.700.000
	Construction d'un hangar de stockage		

3. La facture

La facture est un document commercial et comptable. Elle matérialise le contrat de vente.

Seul son contenu est défini par la loi (voir à ce sujet la deuxième partie, chapitre 9, § 9.3 ci-dessus). Par contre, sa forme est laissée à l'appréciation de l'entreprise.

Nous donnons ci-contre un exemple de facture de vente telle que la SOCODIS les établit :

- vente à « Générale de commerce » de Ouesso :

50 services de table, à 45.000 l'unité ;
50 batteries de cuisine, à 50.000 l'unité ;
50 services à découper, à 40.000 l'unité.

- remise de 5%
- port par avion, 200.000

NIU SOCODIS : 10.196.2371.8
NIU Générale de commerce : 08.195.0012.2

CHAPITRE IV
COMPTABILISATION ET PAIEMENT DE LA TVA NETTE A PAYER

Au 15 juin, date limite de dépôt de la déclaration de TVA au titre du mois de mai, et de paiement de la taxe, les montants cumulés de TVA et centimes additionnels au titre du mois de mai se résument ainsi qu'il suit :

43437	TVA collectée	11.500.000
434361	TVA déductible sur biens et services, achats locaux (solde débiteur)	6.500.000
434360	TVA déductible sur biens et services, importations (solde débiteur)	2.500.000
434321	TVA déductible sur immobilisations, achats locaux (solde débiteur)	9.000.000
4345	Centimes additionnels à la TVA (solde créditeur)	325.000

L'écriture consiste simplement à solder les comptes de TVA collectée et de TVA déductible du mois précédent. Le solde de l'opération est en général un crédit au compte 43435 « TVA nette à décaisser ».

L'écriture est la suivante :

	15/06/1997		
43437	TVA collectée	16.500.000	
434321	TVA déductible sur immobilisations, achats locaux		9.000.000
434360	TVA déductible sur biens et services importations		2.500.000
434361	TVA déductible sur biens et services, achats locaux		1.500.000
43435	TVA nette à décaisser		3.000.000
	Déclaration TVA, mai 1997		
	15/06/1997		
43435	TVA nette à décaisser	3.500.000	
4345	Centimes additionnels à la TVA	325.000	
56	Banques		3.825.000
	Paiement TVA et centimes additionnels, mai 1997		

CHAPITRE V.
COMPTABILISATION DES CRÉDITS DE LA TVA

Admettons par exemple que, pour le mois de juin 1997, les montants cumulés de TVA et centimes additionnels se résument ainsi qu'il suit :

43437	TVA collectée	2.200.000
434361	TVA déductible sur biens et services, achats locaux	1.800.000
434360	TVA déductible sur biens et services, importations	2.200.000
4345	Centimes additionnels à la TVA	110.000

La baisse de TVA collectée est, par exemple, expliquée par une augmentation des ventes à l'exportation par rapport aux ventes locales.

Dans ce cas, l'écriture comptable sera la suivante :

	15/07/1997		
43437	TVA collectée	2.200.000	1.200.000
434360	TVA déductible sur biens et services, importations		
434361	TVA déductible sur biens et services, achats locaux		
43434	Crédit de TVA	800.000	1.800.000
	Déclaration TVA, mai 1997		
	15/07/1997		
4345	Centimes additionnels à la TVA	110.000	110.000
56	Banques		
	Paiement TVA et centimes additionnels, juin 1997		

Attention : le fait que la société soit en crédit de TVA ne fait pas obstacle à ce qu'elle doive reverser les centimes additionnels qu'elle a collectés. S'agissant de deux impôts dont la nature est différente, il ne saurait y avoir de compensation entre eux.

CHAPITRE VI
LES RÉGULARISATIONS

Les régularisations consistent en une remise en cause du droit à déduction ou de la TVA collectée. Dans ces conditions, les écritures correspondantes sont de simples contre-passations partielles ou totales d'opérations antérieures.

1. Cession ou sortie d'immobilisations

Nous traiterons le cas exposé dans l'exemple du § 10.4, chapitre 10, 2e partie, pour lequel il y a un reversement de 8.100.000 FCFA lié à la cession, le 31/12/1999, du camion acheté le 1er avril 1997.

Dans ce cas, le reversement de TVA s'interprète comme une augmentation de la valeur immobilisée du bien.

L'écriture est la suivante :

	31/12/1999		
22400	Matériel de transport – Véhicules utilitaires	8.100.000	
434391	Reversements sur immobilisations		8.100.000
	Reversement de TVA sur camion acquis au 01/04/97		

2. Créance irrécouvrable

SOCODIS a le 10 mai 1997 établi une facture de 1.000.000 FCFA HT (TVA 180.000) à M. Mabiala, commerçant de Djambala, qui est livrée le 15/05, le paiement net TTC de 1.189.000 FCFA étant prévu à la réception de la facture, par chèque. Le 20 mai, le règlement n'est pas parvenu, et SOCODIS fait une relance téléphonique. Le client promet de payer le 31 mai. A cette date, le paiement n'arrive pas. Une deuxième relance par courrier reste sans réponse en fin juin.

Une relance est faite en date du 05 juillet par lettre recommandée avec accusé de réception qui revient le 21 juillet avec la mention « inconnu à cette adresse ». SOCODIS dépêche, le 28 juillet, un de ses collaborateurs qui trouve les lieux vides. Après renseignements pris auprès des voisins et autorités locales, il s'avère que l'entreprise a effectivement quitté les lieux sans laisser d'adresse et que personne ne sait ce qu'il en est advenu. Il fait constater le fait par un huissier.

Sur la base de ce dossier, SOCODIS établit le 30 juillet 1997 un duplicata de la facture initiale, ou un avoir d'annulation, avec les mentions indiquées au § 10.4.3, chapitre 2, 2e partie ci-dessus.

L'écriture sera la suivante :

	30/07/1997		
064601	Créances irrécouvrables – Clients locaux, ENF privées	1.000.000	
434395	Déductions complémentaires – annulation de produits	130.000	
4345	Centimes additionnels à la TVA	9.000	
4110	Clients locaux, ENF privées		1.189.000
	Créance-Mabiala (Djambala), irrécouvrable		

3. Achats ou charges changeant de destination

Soit, par exemple, un achat de papeterie et fournitures de bureau en septembre 1997 :

- montant : 500.000 HT,
- TVA : 90.000
- Centimes additionnels : 4.500

Compte tenu de la rentrée des classes, l'entreprise décide le 06 octobre d'affecter l'ensemble de cette livraison au personnel. Dans ces conditions, l'achat n'est plus lié aux besoins de l'exploitation, et la TVA comptabilisée en TVA déductible sur le mois de septembre doit être annulée en octobre.

L'écriture est la suivante :

	06/10/1997		
61662	Fournitures de bureau	90.000	
434392	Reversements sur biens et services		90.000
	Reversement de TVA sur fournitures de bureau remises au personnel		

QUATRIÈME PARTIE

ÉTUDES DES CAS

CHAPITRE I
ÉNONCÉS

Avertissement :

Sauf indication particulière, les jours seront considérés comme ouvrables.

1. Principes

1.1. M. Mavoungou, détaillant, entrepreneur individuel, achète 10 caisses de 12 bouteilles d'eau de Cologne à 4.000 FCFA, hors taxes, la bouteille. Il les revend à 5.500 la pièce, hors taxes.

Calculez la TVA due sur ce montant et expliquez pourquoi cette taxe est dite « Taxe sur la valeur ajoutée ».

1.2. Sur la base des éléments ci-après, démontrez que la TVA est un impôt neutre par rapport au cycle économique et, plus particulièrement, par rapport au nombre d'intermédiaires. Tirez-en la conclusion quant à l'incidence des marges sur la taxe.

La SARL « PRIMAXI » importe des services de tables pour un prix unitaire, droits inclus, mais hors TVA, de 15.000 FCFA. Elle les revend à 20.250 FCFA HT à son grossiste « Magasin général ». Ce dernier les revend ensuite à 28.350 HT aux détaillants. Le prix de vente au détail est de 40.000 HT.

Dans le même temps, la société d'import-export « Ar Naque » SA importe les mêmes services au prix unitaire HT et droits inclus de 15.000 FCFA et les revend au détail en direct dans ses magasins au prix de 40.000 FCFA HT.

2. Assujettissement, opérations imposables et exonérations

2.1. Assujettis

Parmi les professions ci-après, quelles sont celles qui sont assujetties ou non à la TVA, et pourquoi ?

2.1.1. Professeur de piano inscrit aux effectifs de l'École nationale de Musique du Congo.

2.1.2. Directeur financier d'une société pétrolière dont le salaire annuel est de 75 millions de FCFA.

2.1.3. Producteur de serrures et clés dont le chiffre d'affaires annuel moyen est de 250 millions de FCFA.

2.1.4. Libraire dont le chiffre d'affaires moyen est de 80 millions de FCFA.

2.1.5. Expert comptable dont le chiffre d'affaires est en moyenne de 45 millions de FCFA.

2.1.6. Peintre en bâtiments indépendant dont le chiffre d'affaires moyen est de 12 millions de FCFA.

2.1.7. Juge au Tribunal de Grande Instance.

2.1.8. Actionnaire d'une société anonyme qui a encaissé 3.500.000 FCFA de dividendes.

2.1.9. Ingénieur informaticien installé à son compte dont le chiffre d'affaires moyen est de 38 millions de FCFA.

2.1.10. Restaurateur dont le chiffre d'affaires est en moyenne de 45 millions de FCFA.

2.1.11. Monsieur El Hadj Mohammed importe des marchandises de toutes natures qu'il revend au détail ou en gros, ou qu'il exporte. Ses factures d'achat sont en règle, ses marchandises sont régulièrement dédouanées et ses quittances douanières sont régulières.

Tous ses documents commerciaux, y compris ses factures, comportent les éléments suivants :

- El Hadj Mohammed
- 34, rue Hergé
- B.P. 314 - Brazzaville - République du Congo
- RC Brazzaville, 93 A 11 3

2.2. Operations imposables ou exonérées

Pour chacune des questions suivantes, donnez la cause précise (motif) de l'imposition ou exonération (ou non) de l'opération.

2.2.1. M. Mavoungou, détaillant, entrepreneur individuel, réalise un chiffre d'affaires global hors taxes de 75 millions de FCFA. Il achète 10 caisses de 12 bouteilles d'eau de Cologne à 4.000 FCFA, hors taxes, l'une. Il les revend à 5.500 la pièce, hors taxes.

2.2.2. M. Boubacar est sculpteur. Il réalise des statues en bois qui sont toujours des pièces uniques. Son chiffre d'affaires est d'environ 30 millions, hors taxes, l'année.

2.2.3. M. Konan est orfèvre. Il ne travaille que sur catalogue.

2.2.4. PALM SA vend de l'huile de palme pure provenant de ses palmeraies de Ouesso.

2.2.5. L'Association congolaise de Formation (ASCOFOR) dispense des séminaires, de toutes durées, de formation à l'informatique, la bureautique et au travail de secrétariat. Elle facture ses clients à des tarifs comparables aux entreprises du même secteur. Ses profits éventuels sont systématiquement réinvestis.

2.2.6. La Société congolaise de Jeux (SOCOJEU) organise une loterie à billets.

2.2.7. La Société congolaise de Distribution (SOCODIS) importe du sel de mer français.

2.2.8. La société « Fish », armateur de Pointe-Noire, exploite des bateaux de 120 tonneaux pour la pêche. Le poisson est vendu au Congo. Son chiffre d'affaires annuel est de 950 millions, hors taxes.

2.2.9. M. Mabiala Alphonse est chef de chantier chez SOCOROUTES, et, avec son équipe, a réalisé 20 km de route.

2.2.10. M. Mabiala Albert, frère du précédent, est inscrit comme géomètre expert et effectue des études pour SOCOROUTES et autres entreprises de travaux publics.

2.2.11. Le couple POMONA revient de Kinshasa où il s'est formé. Il rapporte le trousseau de mariage de l'épouse.

2.2.12. M. Kikoli, quincaillier, cède au prix de 5.000 FCFA une pompe à eau immobilisée dans ses comptes qu'il utilisait en cas d'inondation de son magasin. Cette pompe ne pourra fonctionner, éventuellement, qu'après une remise en état complète.

2.2.13. M. Tchira est un propriétaire de biens de natures diverses. Dites si les opérations suivantes, relatives auxdits biens, sont imposables, et pourquoi :

- location d'un terrain nu à Mpila ;
- concession d'un brevet de moulin à foufou ;
- location d'appartements meublés situés à M'Filou ;
- vente d'un immeuble d'habitation situé en centre-ville ;
- location-gérance d'un commerce de gros à Moungali.

2.2.14. Le garage « De bric et de broc » achète pour la revente des véhicules, de toutes natures, neufs et d'occasion. En décembre, il importe 2 Renault-Espace et conclut avec son client un contrat de crédit-bail par lequel le client s'engage à verser 670.000 FCFA par mois et par véhicule.

2.2.15. La société « MANOMANO » reçoit de la SA « MOULES » des tôles et fournitures diverses, pour faire de l'emboutissage de pièces. Elle facture sa façon à raison de 150 FCFA par pièce produite.

2.2.16. La « Société d'Exploitation du Xylophone congolais » (SEXC) exploite un établissement dans la Sangha. Elle a construit 1 case-cantine et 6 cases d'habitation pour son personnel. Les matériaux ont été produits sur place.

Les fournitures et autres produits divers se montent à 8,5 millions de FCFA. L'ensemble a été construit par le personnel de l'entreprise. Le temps passé représente 12 millions de FCFA. L'ensemble, terminé le 15 décembre, a été mis en service le 15 janvier après achat des aménagements.

2.2.17. La banque « ATOUFRIC » facture 25.000 FCFA d'intérêts sur découvert consenti à M. Assec.

2.2.18. La société « BONVENT » réalise le déménagement de M. Kongo Théophile Adélard, fonctionnaire du PNUD, qui part en poste à Antananarivo (Madagascar).

2.2.19. La mairie de Brazzaville loue sa salle des fêtes au prix de 500.000 FCFA la journée pour des manifestations diverses.

2.2.20. La société « TELECELL », établie à Brazzaville, vend et loue des téléphones cellulaires et gère un réseau téléphonique en Afrique centrale.

2.2.21. Le garage « De bric et de broc » importe aussi des VTT (vélos tous terrains) de haut de gamme. M. Gelud, gérant, prélève 2 vélos sur ses stocks et les affecte ainsi qu'il suit :

- 1 vélo remis à M. Goma Euloge, coursier de l'entreprise ;

- 1 vélo remis à titre de cadeau à Me Marroni, avocat à la cour, gros client du garage.

Quelles sont les conséquences en matière de TVA, sachant que ces vélos ont une valeur HT de 450.000 FCFA chacun ?

3. Territorialité, fait générateur et exigibilité

3.1. Pour chacun des cas ci-dessous, dites si l'opération est taxable au Congo, et pourquoi.

3.1.1. La société « TOUBENEF », établie à Brazzaville depuis le 1er janvier 1881, est une entreprise de commerce général. Elle réalise les opérations suivantes :

- importation de petits équipements à main (perceuses, visseuses, scies circulaires, raboteuses, etc.) ;
- vente de 500 tonnes de haricots à Bangui ;
- vente de quincaillerie à Ouesso.

3.1.2. La compagnie « FYLL' DELAIR », dont le siège est à Yaoundé (Cameroun), exploite plusieurs lignes aériennes au départ de l'aéroport international de Pointe-Noire :

- Pointe-Noire – Loudima ;
- Pointe-Noire – Brazzaville ;
- Pointe-Noire – Cabinda ;
- Pointe-Noire – Libreville.

3.1.3. La société « PETROS », basée à Pointe-Noire, réalise des prestations de services pour les compagnies pétrolières. Pour chacun des cas ci-après, est-elle imposable au Congo ?

- peinture des tuyauteries de la plate-forme BK-104 située à 18 miles en mer ;
- travaux d'électricité sur le terminal de Djéno ;
- réparation de pompes réalisée au Gabon.

3.1.4. Le cabinet parisien « Duduch & Cie » est spécialisé dans le conseil en gestion d'entreprises et effectue des missions ponctuelles au Congo. La dernière en date a consisté en la mise en place d'un système de calcul de prix de revient pour une entreprise industrielle de Brazzaville, facturée 12 millions de FCFA hors taxes.

3.2. Pour chacun des cas ci-dessous, dites quel est le fait générateur et la date d'exigibilité de la taxe, et pourquoi :

3.2.1. « MECACONGO SA » produit à Pointe-Noire des groupes électrogènes sur la base de moteurs Diesel d'occasion importés d'Allemagne. Le 25 juillet 1997, elle reçoit une commande de la société d'embouteillage « BOUCHTOU » de Brazzaville, au prix de 15 millions HT, prix de départ. MECACONGO établit un bon de livraison le 04 août et envoie le matériel par le CFCO le même jour. La facture datée du 05 août est postée le 06 et arrive chez BOUCHTOU le 14.

Le matériel est réceptionné le 20 août. La commande stipule que le prix est payable 30% à la commande, 40% à la livraison, et 40% à 60 jours de la fin du mois de la date de la facture.

3.2.2. Le cabinet « CONTES » clôture le bilan des magasins « QUINCAILL » au 31 décembre 1997. Les travaux s'étendent du 09 au 18 février 1998. Le 23 février, le cabinet remet les comptes et le rapport à M. Beyrouth, gérant de QUINCAILL, avec sa facture de 1.500.000 FCFA HT. Le gérant règle la facture le 20 avril après plusieurs relances.

3.2.3. La « COCOPET » (Compagnie congolaise de Produits pétroliers) raffine des hydrocarbures bruts. Le 25 août 1997, elle expédie un train de wagons-citernes sur Brazzaville et produit sa facture à la même date. Le train arrive le 28 août et les carburants sont dans les dépôts des distributeurs le 1er septembre. La revente intervient au 15 septembre.

3.2.4. « BECO » (Béton du Congo) produit du béton et réalise toutes constructions immobilières. Le ministère de l'Intérêt public a passé un marché pour la construction d'un immeuble dont le prix total TTC est de 594,5 millions de FCFA, payables ainsi qu'il suit :

- 20% à la passation du marché (15/09/97) ;
- 20% à la fin des fondations (27/10/97) ;
- 30% à la mise hors d'eau (10/12/97) ;
- 20% à la réception définitive (06/02/98) ;
- 10% 1 an après (06/02/99).

Les dates indiquées ci-dessus sont celles du plan de règlement qui a été respecté.

3.2.5. Donnez la date d'exigibilité et le fait générateur relatifs au cas exposé en 2.2.16 ci-dessus.

3.2.6. « BEL FORM » exploite un complexe d'activités dans les domaines de l'esthétique et du corporel (coiffure, esthétique, soins des mains et des pieds, gymnastique, gym tonie, arts martiaux, danse, etc.). Du fait que toutes ses prestations sont payées comptant ou d'avance, elle a demandé à la Direction générale des Impôts de payer la TVA sur les débits, ce qui lui a été accordé. Le 1er octobre, elle facture d'avance le quatrième trimestre à « GROBRAS », société de gardiennage pour laquelle elle organise des stages d'entraînement aux arts martiaux.

4. Déductibilité de la TVA

Pour chacune des questions suivantes, donnez le motif de déductibilité ou non de la TVA.

4.1. Dites quelles peuvent être les conséquences éventuelles, en matière de droit à déduction, du cas de monsieur El Hadj Mohammed exposé au § 2. 1.11 ci-dessus.

4.2. SOCOROUTES a acheté 4 véhicules 4x4 bi-cabines au tarif unitaire TTC de 17.835.000 FCFA dont TVA, 2.700.000.

4.3. SOCOJEU a acheté, pour les offrir à titre de cadeaux, 1.000 stylos-feutres publicitaires (marqués de son nom) au prix unitaire

HT de 1.200 FCFA, soit 1.426.800 FCFA TTC, dont TVA, 216.000.

4.4. La société Mabika & Cie, importateur-revendeur en papeterie, équipements et fournitures de bureau, fait l'objet d'une vérification. A l'examen de la comptabilité, le vérificateur trouve pêle-mêle les éléments suivants qu'il examine ensuite à la lueur de la loi TVA et du Code général des impôts. Sauf exceptions indiquées, la comptable a toujours pu montrer les pièces justificatives. Selon vous, quel sort sera donné quant à la déductibilité de la TVA pour chaque cas ci-dessous ? Dites pourquoi.

4.4.1. Location d'une Peugeot 605 pendant un mois, TVA, 378.000, portée au compte TVA déductible ;

4.4.2. Achat de gazole pour le groupe électrogène portable du siège : total de la TVA déduite sur l'ensemble des factures de l'année : 5.400 FCFA ;

4.4.3. TVA déduite sur factures de téléphone du siège : 1.728.000 FCFA ;

4.4.4. Achat d'une camionnette de livraison : TVA déduite pour 1.980.000 FCFA ;

4.4.5. Achat de papeterie du 17 mai, livré le 19 juillet : TVA déduite pour 1.080.000 FCFA. Après recherche, il s'avère que l'ensemble de la livraison a été revendu, sans dépaquetage, en République démocratique du Congo le 31 juillet.

4.4.6. Location d'un bateau de plaisance à Pointe-Noire. Au total 8 week-ends sur l'année, soit 482.400 FCFA de TVA déduite ;

4.4.7. Transport de marchandises de Pointe-Noire à Brazzaville dont 684.000 FCFA de TVA déduite, dont le justificatif est une photocopie de facture non certifiée ;

4.4.8. Achat de 20 bouteilles de Cognac (pour cadeaux) : TVA déduite, 75.600 FCFA ;

4.4.9. Honoraires de l'expert comptable, non agréé UDEAC, TVA déduite, 360.000 FCFA ;

4.4.10. Réparation de la toiture du hangar de stockage : TVA déduite 1.440.000 FCFA.

4.5. La société « BOUKOUT » s'installe à Brazzaville. Elle est spécialisée dans le transport de fonds. A l'occasion de son inauguration, elle organise une réception dans les salons d'honneur de l'hôtel SOFITEL qui lui facture 5 millions TTC l'ensemble.

4.6. M. Assif Mtrza, chercheur à l'OMS, part en mission à Pointe-Noire. Sa note d'hôtel se monte à 370.968 FCFA TTC dont TVA, 56.160 FCFA.

4.7. M. Mpassi André, agent commercial de la société « GAYPIED » est parti en mission à Dolisie. Sa note d'hôtel s'élève à 210.000 FCFA TTC (dont TVA, 28.800). Ses frais de restauration sont de 110.000 FCFA (montant TTC, les restaurants visités n'ayant pas facturé de TVA).

4.8. « BONBOUF » est une entreprise spécialisée dans le commerce de produits alimentaires fins, vins et alcools. En décembre 1997, ses importations s'élèvent à 36 millions HT et l'entreprise déduit la TVA payée en douane pour 6.480.000 FCFA. Conformément à ses habitudes, l'entreprise remet à son personnel des colis de fin d'année pour une valeur unitaire de 200.000 FCFA hors taxes et passe l'écriture de livraison à soi-même correspondante.

4.9. La « COCO » (Congolaise de Communication) est une société de transport. Elle reçoit sa facture de téléphone pour la période d'octobre et novembre qui s'élève à 142.680 FCFA TTC, dont TVA, 21.600, pour ses lignes téléphoniques et fax.

4.10. « LOCAUTO » achète 10 Peugeot 306 pour un prix total de 165.200.000 FCFA dont TVA, 25,2 millions. Son activité consiste à louer ou à mettre les véhicules en crédit-bail.

5. Pourcentage de déduction et prorata

Pour chaque exercice, donnez le calcul détaillé du pourcentage de déduction et le prorata correspondant.

5.1. « MIGROS » est un grossiste en produits alimentaires et autres qui fait aussi des exportations diverses et qui a bénéficié d'aides. Ses comptes arrêtés au 31/12/96 sont les suivants :

Ventes imposables	128.287.500
Ventes exonérées	62.628.200
Exportations	39.176.000
Livraisons à soi-même	3.500.000
Cessions d'immobilisations	1.200.000
Subventions d'équipement	10.000.000
Subventions d'équilibre	50.000.000

5.2. « SUPERCASH » est un nouveau supermarché, établi depuis le 1er juillet 1997. Ses activités sont essentiellement axées sur l'alimentation générale, les boissons, boulangerie et produits divers d'entretien, ou se rapportant à la vie courante des ménages. Ses comptes prévisionnels, basés sur les règles de TVA sont les suivants :

Ventes de produits alimentaires imposables	250.000.000
Ventes de produits alimentaires exonérés	180.000.000
Ventes de boissons	25.000.000

Les éléments définitifs arrêtés au 31/03/98 sont les suivants :

Ventes de produits alimentaires imposables	318.752.500
Ventes de produits alimentaires exonérés	146.896.450
Ventes de boissons	39.552.400

Étant donné que les achats, charges et investissements du 2e semestre 1997 ont atteint 357.293.600 FCFA HT, dites quel est le prorata applicable pour 1997 et ce qui doit se passer en 1998 du fait des comptes réels.

6. Base imposable et calcul de la TVA (et des centimes additionnels)

Pour chaque exercice, donnez le calcul détaillé de la base imposable. Pour les deux premiers cas, il vous est demandé d'établir le document réglementaire correspondant.

6.1. La « Franco-congolaise de Gastronomie » vend au magasin « ALICO », non assujetti mais qui demande une facture, les produits suivants qui sont livrés et facturés le 20/07/97 :

- 50 kg de foie gras entier à 140.000 FCFA le kg ;
- 50 kg de saumon fumé à 48.000 FCFA le kg ;
- 120 bouteilles de whisky à 22.500 FCFA la bouteille, avec :
  - 20% de rabais sur le foie gras (date de péremption très proche) ;
  - 10% de remise sur les deux autres produits.

Port = 120.000 FCFA
Escompte = 2% pour paiement comptant

Renseignements généraux :

Franco-congolaise de Gastronomie
1, rue Daniel Mankou – B.P. 1234, Brazzaville – RC 83 A 216 – NIU : 10.195.0234.7

ALICO (magasin non assujetti à la TVA)
7, rue Franquin – Brazzaville.

6.2. « Les Éditions du Congo » accordent le 04 août 1997 à la « Librairie Gutenberg » un rabais de 35% pour marchandises abîmées lors de la livraison du 07 juillet (livres dont la couverture est endommagée). Le montant HT de la vente d'origine était de 900.000 sur lesquels il y avait une remise de 15%.

Renseignements généraux :

Éditions du Congo
2, rue Edgard P. Jacobs – B.P. 1200, Brazzaville – RC 60 B 10 – NIU : 10.195.0010.3
Librairie Gutenberg
2 bis, rue de La Bédé – B.P. 10, Pointe-Noire – NIU: 01.196.0121.4

6.3. Le cabinet « JURIS » établit le pacte social de la société « TOUBENEF », société anonyme au capital de 100 millions de FCFA, et se charge de toutes les formalités administratives de création et de dépôt. Elle facture sa prestation ainsi qu'il suit :

- Honoraires : 2.500.000 FCFA ;
- Frais d'actes : 150.000 FCFA (montant exact suivant justificatifs joints) ;
- Droits d'enregistrement : 1.000.000 FCFA (montant exact suivant justificatifs joints).

6.4. Outre les groupes électrogènes, « MECACONGO » produit et vend aussi de petites pièces mécaniques. Vous établirez le corps de la facture du 20 août 1997 destinée à un magasin de Ouesso :

- Pièces XY : 200 unités à 2.500 FCFA ;
- Pièces B8 : 500 unités à 4.350 FCFA ;
- Pièces JK : 800 unités à 7.875 FCFA ;
- Remise : 5% ;
- Emballages consignés : 200.000 FCFA ;
- Emballages perdus : 150.000 FCFA ;

- Port : 350.000 FCFA (montant exact suivant justificatif joint) ;
- Assurance : 120.000 FCFA.

6.5. Échange entre assujettis d'un vélomoteur évalué à 500.000 FCFA contre un téléviseur et un magnétoscope évalués à 600.000 FCFA, le tout faisant l'objet d'un versement de 100.000 FCFA par l'apporteur du vélomoteur.

6.6. Vente par un marchand de biens d'occasions

Vente d'une camionnette au prix de 4.000.000 FCFA HT alors qu'elle a été achetée à 2.800.000 FCFA.

7. Régularisations

Pour chaque exercice, donnez le calcul détaillé du montant de la régularisation éventuelle, ses raisons d'être et les conséquences quant à la déclaration.

7.1. Immobilisations

Vous êtes assujetti à la TVA et vous avez acheté le 05/02/1998 un micro-ordinateur avec imprimante-laser au prix de 3.657.625 FCFA HT (dont centimes additionnels, 32.625) qui vous a ouvert droit à 652.500 FCFA de TVA déductible au titre du mois d'achat. Estimant que le matériel est devenu obsolète, vous le revendez le 1er avril 2000 pour en racheter un autre.

7.2. A la date du 10 juillet 1999, votre comptable fait une révision de la comptabilité au 30/06/1999, et s'aperçoit que :

7.2.1. La TVA de 540.000 FCFA relative aux honoraires d'avocat facturés le 16 juillet 1998 n'a pas été déduite ;

7.2.2. La TVA relative aux factures de la SNE n'a pas été déduite, soit :

Jan.-98	36.000
Mar.-98	43.000
Mai-98	56.000
Juil.-98	37.000

8. Déclaration

La société Bureau 2000 importe et vend tous types de matériels, équipements et fournitures informatiques et de bureau. Chef comptable, vous devez déposer la déclaration au titre du mois d'octobre, et vous disposez des informations suivantes :

Raison sociale : Bureau 2000
Adresse principale : B.P. 1445, Brazzaville – 23, rue des 3 orfèvres (Mpila)
Tél : 83.29.87
Fax : 83.29.88
Code-résidence fiscale : 16
NIF : 10.196.3471.9

Pour le mois d'octobre 1997, les soldes des comptes relatifs à la TVA sont les suivants :

434020	TVA déductible sur immobilisations, Importations	18.567.800
434021	TVA déductible sur immobilisations, achats locaux	1.345.450
43404	Crédit de TVA	626.343
43405	TVA nette à décaisser	
434060	TVA déductible sur biens et services, importations	12.890.650
434061	TVA déductible sur biens et services, achats locaux	450.700

43407	TVA collectée	
434091	Reversements sur immobilisations	
434092	Reversements sur biens et services	
434093	Déductions complémentaires – omissions sur immobilisations	
434094	Déductions complémentaires – omissions sur biens et services	23.760
434095	Déductions complémentaires – annulation de produits	134.670
4342 701328	Centimes additionnels à la TVA Ventes locales de marchandises	193.102.500
701329	Ventes de marchandises à l'exportation	12.789.987
73	Livraisons à soi-même	3.455.000

Sur la base de ces éléments, documentez la déclaration de TVA à déposer en novembre.

9. Sanctions

Pour chacun des cas ci-dessous, donnez la/les sanction(s) éventuelle(s) et justifiez votre position.

9.1. Dans le cadre de recoupements effectués par l'Unité des Grandes Entreprises (UGE) de Brazzaville avec les services de la douane, il apparaît que l'entreprise « Malandrin » a importé, pour 85 millions de FCFA, des marchandises depuis le 1er janvier 1997 et qu'elle est inconnue de l'UGE. Nonobstant toute autre vérification et sans préjudice des sanctions qui pourraient lui être signifiées, dites quelle est la sanction qui lui est applicable du fait qu'elle est « inconnue » de l'UGE.

9.2. « JOUBLI » est spécialisé dans le gardiennage et les transports de fonds. Établi à Pointe-Noire, il dépend de l'UGE de la même ville. Un enquêteur se rend dans ses locaux et découvre que l'entreprise commercialise des coffres-forts, des alarmes et des serrures de tous types. Ces ventes sont loin d'être occasionnelles et représentent près du tiers de son chiffre d'affaires total. Les premières ventes remontent à onze mois auparavant. Nonobstant tout autre constat, dites quelle est la faute commise par « JOUBLI » et quelle en est la conséquence.

9.3. Dûment rappelé à l'ordre, la société « Malandrin » déclare la TVA à l'UGE de Brazzaville. Le 19 septembre 1997, le comptable vient déposer la déclaration de TVA au titre du mois d'août avec un chèque de 357.800 FCFA correspondant au montant déclaré. Quelles en sont les conséquences éventuelles ?

9.4. Le lundi 20 octobre 1997, « Malandrin » n'a toujours pas déposé sa déclaration au titre du mois de septembre. Le système informatique de l'UGE édite le 24 octobre une mise en demeure adressée par fax à l'entreprise qui dépose et paye le 27 novembre 2.480.500 FCFA. Quelle sanction pèse sur le contribuable ?

9.5. M. Lavare, gérant de la société « PICSOU », a déposé le 15 janvier la déclaration de TVA au titre du mois de décembre à l'UGE de Pointe-Noire. Le montant net dû, et non réglé, est de 1.302.000 FCFA. Le paiement intervient le 05 février.

9.6. « JOUBLI » fait en janvier 1998 l'objet d'une vérification qui porte sur les mois d'octobre à décembre 1997. Le vérificateur trouve que les emballages perdus ont été systématiquement exclus des bases d'imposition. Le vérificateur en demande la raison au gérant qui répond que les emballages sont refacturés au prix moyen d'achat et qu'en moyenne, sur une année, il ne fait ni perte ni bénéfice, d'où la non-imposition des emballages perdus dans ses factures. Sur la période vérifiée, les emballages représentent un montant de taxe éludée de :

- octobre : 724.800
- novembre : 118.700

- décembre : 423.950

Quelle est la sanction éventuelle ?

9.7. M. Jean-Pierre La Fraud est président de la SA « Fils Canet » qui a pour objet la production de conserves à base de viande de canard. Lors d'un contrôle, le vérificateur, par recoupements entre stocks de matières premières, production déclarée, stocks de produits finis et ventes, démontre que les ventes locales augmentées des ventes à l'exportation sont très fortement inférieures à ce qu'elles devraient être. La visite des installations vient corroborer cette démonstration par le constat des quantités de viande en stock. Sur la base des éléments à sa disposition, le vérificateur estime à 20 millions de FCFA les droits éludés.

Dites quelles peuvent être les conséquences de cet état de fait pour la SA « Fils Canet ».

9.8. M. La Gaff produit et vend des plats à emporter. Son chiffre d'affaires est en moyenne de 45 millions de FCFA HT par an. Une enquête diligentée sur dénonciation démontre que M. La Gaff a facturé la TVA chaque fois qu'il a livré des entreprises ou des administrations, sans jamais reverser la taxe facturée.

9.9. « Fish » SA exploite une flotte de bateaux de pêche à Pointe-Noire. Son chiffre d'affaires est de 390.250.000 FCFA. Lors d'un contrôle, le vérificateur s'aperçoit que les ventes aux grossistes font l'objet de factures avec TVA.

9.10. Lors d'une vérification partielle, il s'avère que les factures du cabinet « Duduch & Cie » comprennent de la TVA au taux de 18,9%. Le gérant du cabinet répond que c'est normal, car il s'agit du taux de la TVA (18%) augmenté du taux des centimes additionnels qui est de 5% de la TVA. Quelles sont les conséquences éventuelles de cette pratique ?

9.11. Un contrôle chez « Invinoveritas » montre que cette entreprise a livré 50 cartons de 12 bouteilles de vin de

Bordeaux à « Pinardos », magasin de vente de vin au détail mais assujetti à la TVA. La vente, d'un montant total de 1.320.000 FCFA HT, a fait l'objet d'un ticket de caisse qui a servi de justificatif comptable. Dites quelle est la sanction éventuelle de ce procédé. Qu'en serait-il au cas où, lors d'un contrôle ultérieur, il s'avérerait qu'Invinoveritas continuait la même pratique ?

9.12. « Arnak & Co » vend et loue tous matériels d'occasion. Un contrôle sur place démontre que la société a enregistré des factures d'achats de petits matériels à main et autres équipements, qui ne figurent pas dans le magasin et qui n'ont jamais fait l'objet par la suite de location ou de vente. De même, trouve-t-on des factures de réparation de matériels par deux entreprises de la place, ce qui paraît à priori normal. Mais, après enquête, il s'avère que :

- l'entreprise effectue elle-même, sans exception, les réparations et entretien de ses matériels et outillages ;
- les entreprises qui ont facturé ces prestations ont toutes deux disparu ;
- le directeur de l'entreprise est incapable de prouver le bien-fondé de ces factures ;

Sur la période contrôlée, le montant total de TVA ainsi déduit est de 7.123.500 FCFA. Que penser de la situation ? Pourquoi et quelles peuvent en être les conséquences ?

CHAPITRE II
CORRIGÉS

1. Principes

1.1. M. Mavoungou revend la bouteille d'eau de Cologne à 5.500 FCFA la pièce, hors taxes. Il va donc collecter 990 FCFA de TVA par bouteille (5.500 x 18%) qui sera donc vendue au client à 6.490 FCFA TTC. Au total, ses ventes se seront montées à 778.800 FCFA TTC dont TVA, 118.800 (120 bouteilles x 5.990).

Il aura payé la bouteille à 4.720 FCFA à son fournisseur, soit au total 566.400 FCFA TTC dont TVA, 86.400.

Il va donc déposer une déclaration de TVA sur laquelle il indiquera :

Chiffre d'affaires (hors taxes) : 778.800
TVA collectée sur ventes : 118.800
TVA déductible sur achats : 86.400
TVA nette à payer : 32.400

Or, la marge réalisée par M. Mavoungou est de 1.500 FCFA par bouteille (prix de vente HT, 5.500 – prix d'achat HT, 4.000), soit au total 180.000 FCFA pour 120 bouteilles. Et 18% de 180.000 FCFA font 32.400 FCFA qui correspondent à la TVA reversée par M. Mavoungou avec sa déclaration, d'où l'appellation de Taxe sur la valeur ajoutée.

1.2. Le détaillant revend les services de table à 47.560 FCFA TTC (dont TVA, 7.200, et centimes additionnels, 360). Pendant le même temps « Ar Naque » revend le même produit au même prix. Il en résulte que la TVA facturée au client est identique.

Si on développe la démonstration plus loin, on trouve que la TVA est « fractionnée » entre tous les agents qui ont participé au cycle économique (ou au circuit économique). Ainsi, les 7.200 FCFA de TVA auront été payés par le client final au détaillant, mais chaque opérateur économique n'aura reversé aux impôts que sa quote-part relative à sa marge (ou valeur ajoutée si on raisonne au niveau global de l'entreprise) :

- le grossiste reverse 1.458 FCFA qui sont la différence entre la TVA collectée sur ses ventes aux détaillants (5.103) sous « déduction » de la TVA payée à « PRIMAXI » (3.645), etc.

La marge globale sur l'ensemble du circuit économique est de 25.000 FCFA (prix de vente HT au détail, 40.000 – prix unitaire à l'importation HT, 15.000). Le montant de TVA versé aux impôts (les déclarations) est de 4.500 FCFA. Le tableau ci-après montre chaque étape du « fractionnement » :

Ligne	Phases du cycle de commercialisation	Base HT	TVA
1	Importation de « PRIMAXI »	15.000	2.700
2	Vente au grossiste	20.250	3.645
3	Revente du grossiste aux détaillants	28.350	5.103
4	Vente aux clients finaux	40.000	7.200
5 = 1	TVA payée en douane		2.700
6 = 2 – 1	Déclaration de « PRIMAXI »		945
7 = 3 – 2	Déclaration du grossiste		1.458
8= 4 – 3	Déclarations des détaillants		2.097
9 = 5 à 8	Total de la TVA		7.200

« Ar Naque » est le seul opérateur du circuit économique dans le deuxième cas. La TVA payée par le client final est la même que dans le cas « PRIMAXI » parce que le prix de vente HT est le même. De même, la marge est toujours de 25.000 (40.000 –

15.000) et le montant reversé aux impôts est de 4.500. Le tableau suivant montre la décomposition du paiement de la TVA et démontre donc qu'à marge globale et prix de vente au détail identiques la TVA payée par les clients finaux est indépendante du nombre d'opérateurs.

Ligne	Phases du cycle de commercialisation	Base HT	TVA
1	Importation	15.000	2.700
2	Vente aux clients finaux	40.000	7.200
3 = 1	TVA payée en douane		2.700
4 = 2 − 1	Déclaration de « Ar Naque »		4.500
5 = 3 + 4	Total de la TVA		7.200

2. Assujettissement, opérations imposables et exonérations

2.1. Assujettis

L'article 5 de la loi TVA complété par l'article 26 du Code général des impôts stipule que sont assujetties à la TVA les personnes qui réalisent des opérations imposables :

- à titre habituel et de façon indépendante ;
- dans le cadre d'une activité économique non gratuite ;
- à condition que leur chiffre d'affaires hors taxes soit : égal ou supérieur à 60 millions de FCFA pour les livraisons de biens ; égal ou supérieur à 20 millions de FCFA pour les prestations de services ou les bénéfices non commerciaux.

2.1.1. Ce professeur n'est pas assujetti à la TVA, car non indépendant (inscrit aux effectifs de l'École nationale de Musique du Congo).

2.1.2. Par définition, un directeur financier, même d'une compagnie pétrolière, est un salarié de l'entreprise qui l'emploie et à laquelle il est lié par un contrat de travail. Il n'est donc pas indépendant et ne peut donc être assujetti à la TVA du fait de son activité.

2.1.3. La production de serrures et de clés est un acte économique, et un entrepreneur individuel est toujours indépendant. Dans ces conditions, cet entrepreneur est un assujetti à la TVA.

2.1.4. Le terme « libraire » désigne l'entreprise de vente de livres. C'est une opération économique, et l'entreprise est indépendante. Le libraire est donc assujetti à la TVA.

2.1.5. L'expert comptable exerce une profession libérale. C'est un prestataire de services intellectuels. Il est indépendant et ses prestations ont un caractère économique.

Les experts comptables sont donc assujettis à la TVA.

2.1.6. Le peintre en bâtiments indépendant pourrait être assujetti pour les mêmes raisons que le libraire, mais il ne l'est pas, car son chiffre d'affaires – 12 millions de FCFA – est inférieur aux limites d'assujettissement qui sont de 20 millions pour les prestataires.

2.1.7. Un juge au Tribunal de Grande Instance est un serviteur de l'État duquel il reçoit un traitement et dont il dépend. Il exerce donc une activité non économique et surtout pas à titre indépendant. Comme le professeur, il n'est pas assujetti à la TVA.

2.1.8. L'actionnaire est une personne qui est rémunérée, éventuellement, par des dividendes. Il n'exerce donc pas une activité. Il est indépendant de l'entreprise qu'il détient partiellement. Par voie de conséquence, si la société anonyme est assujettie à la TVA, lui, actionnaire, ne l'est pas. Il pourrait l'être si, à titre personnel, il réalise des opérations économiques à titre indépendant et à titre onéreux.

2.1.9. L'ingénieur informaticien installé à son compte est assujetti pour les mêmes raisons que l'expert comptable.

2.1.10. Le restaurateur prépare des repas avec des produits divers qui lui servent de matières premières ou consommables. C'est donc un producteur indépendant et réalisant des opérations économiques. Il est donc assujetti à la TVA.

2.1.11. M. El Hadj importe à titre individuel des marchandises pour la revente. Il réalise donc des opérations économiques imposables. Il est donc assujetti en application de l'article 5 de la Loi TVA. Mais la lecture de ses documents montre qu'il n'indique pas (ou qu'il n'a pas) son numéro d'identification unique (NIU). En application de l'article 27 de la loi, il ne peut pas se prévaloir de la qualité d'assujetti.

2.2. Opérations imposables ou exonérées

2.2.1. M. Mavoungou étant détaillant réalise donc des opérations économiques.

L'article 7 de la loi n'exonère pas la vente d'eau de Cologne, les opérations réalisées par M. Mavoungou sont donc imposables.

2.2.2. M. Boubacar, sculpteur, pourrait être exonéré, mais son chiffre d'affaires (30 millions) dépasse les limites d'exonération qui sont de 20 millions (article 7, alinéa 9 de la loi). Il est donc imposable.

2.2.3. M. Konan étant orfèvre et ne travaillant que sur catalogue réalise à titre individuel des opérations économiques. L'article 7 de la loi n'exonère pas la vente et la production de bijoux, ses opérations sont donc imposables.

2.2.4. PALM SA vend de l'huile de palme pure provenant de ses palmeraies de Ouesso. L'article 7 de la loi, en son alinéa 6, exonère les huiles alimentaires élaborées à partir de matières produites au Congo. Par voie de conséquence, PALM SA est exonérée pour ses produits. En outre, un arrêté ministériel stipule que, pour une période transitoire, l'exonération des produits alimentaires de première nécessité n'est plus conditionnée par leur production sur le territoire congolais.

2.2.5. L'article 7, alinéa 5, exonère les services à caractère éducatif rendus par des organismes sans but lucratif. Mais il faut deux conditions :

- gestion bénévole et désintéressée ;
- opérations non réalisées dans un secteur concurrentiel.

Même si on admet que la première condition est remplie, ASCOFOR facture ses clients à des tarifs comparables aux entreprises du même secteur dont on sait qu'elles ne sont pas rares. Dans ces conditions, la deuxième condition n'est pas remplie et les opérations réalisées par l'association sont donc imposables.

2.2.6. L'article 7, alinéa 11, exonère les spectacles, à l'exception des loteries et paris mutuels urbains. SOCOJEU est donc imposable.

2.2.7. Le sel est exonéré par l'article 7, alinéa 6. SOCODIS ne paiera donc pas de TVA à l'importation.

2.2.8. L'article 7, alinéa 1, exonère la vente de produits du cru dont ceux obtenus par les pêcheurs, sauf ceux qui exploitent des bateaux de plus de 40 tonneaux. La société Fish n'est donc pas exonérée de ce fait. Mais le poisson produit au Congo est exonéré par l'alinéa 6 du même article. La société Fish est donc exonérée sur ses ventes de poisson. En outre, l'arrêté ministériel cité au 2.2.4 ci-dessus s'applique au poisson.

2.2.9. La construction de routes constitue pour la société SOCOROUTES des travaux publics imposables en application de l'article 3, alinéa 2, que rien, dans l'article 7, n'exonère.

Mais en aucun cas M. Mabiala Alphonse, salarié de l'entreprise, ne peut être assujetti, même si c'est lui qui dirige la construction de la route.

2.2.10. Le géomètre expert est une profession libérale imposée en vertu de l'article 3, alinéa 2, et rien ne l'exonère dans l'article 7. Les études de M. Mabiala Albert sont donc imposables.

2.2.11. Les trousseaux figurent parmi les exonérations visées par l'article 7, alinéa 7, de la loi TVA qui reprend les dispositions de l'article 241 du Code des douanes de la CEMAC. Le couple POMONA n'aura donc pas de TVA à payer à la douane du Beach à Brazzaville.

2.2.12. Les résultats de la réparation de la pompe étant fortement incertains, d'une part, et son prix d'achat très modique, d'autre part, on peut considérer qu'il s'agit là d'un bien usagé qui est exonéré en vertu de l'article 7, alinéa 8, de la loi.

2.2.13. Les opérations réalisées par M. Tchiraqui suivent le régime suivant :

- la location d'un terrain nu à Mpila est exonérée en vertu de l'article 7, alinéa 12, de la loi (locations civiles de terrains non aménagés) ;

- la concession d'un brevet de moulin à foufou est une opération relative à un bien meuble incorporel et, comme telle, imposable (article 3.2/ prestations de services) ;

- location d'appartements meublés situés à Mfilou exonérée en vertu de l'article 71.12 de la Loi TVA ;

- la vente de l'immeuble d'habitation est exonérée, car passible de droits d'enregistrement (article 7.2) ;

- la location-gérance d'un commerce est une opération productive de revenus et elle est visée par l'article 3.2/ qui impose les locations de biens meubles et immeubles.

2.2.14. Les opérations de leasing et de crédit-bail sont imposées en application de l'article 3.2/ de la loi. Tel est donc le cas des véhicules loués par le garage « De bric et de broc ».

2.2. 15. La société « MANOMANO » réalise ici un « travail à façon » qui est imposé en vertu de l'article 3.2/ de la loi.

2.2.16. La construction de cases par le personnel de la « SEXC » constitue une livraison à soi-même d'immobilisations, imposée en application de l'article 4 de la Loi TVA.

2.2.17. Les intérêts sont exonérés de TVA par l'article 7.2, car les banques sont soumises à la taxe sur les activités financières (TAF).

2.2.18. Les déménagements sont des prestations de services qui sont donc normalement imposables (article 3.2/ de la loi). Mais les biens importés par les fonctionnaires internationaux (tel est le cas de M. Kongo qui est fonctionnaire du PNUD) sont exonérés (article 7.7 de la loi relative aux biens importés dans le cadre de l'article 241 du Code des douanes de l'UDEAC complété par l'acte 2/92 UDEAC). Or, le déménagement n'est que l'accessoire des biens et suit donc le même régime. Dans ces conditions, la société « BONVENT » ne doit pas facturer la TVA.

2.2.19. La location de salles est une opération imposable (article 3.2/ de la loi). Le fait que la mairie de Brazzaville soit une collectivité locale ne fait pas obstacle à une telle qualification (article 5).

2.2.20. Les activités de la société « TELECELL » sont typiques d'opérations de vente et de prestations de services, et donc imposées en vertu de l'article 3.

2.2.21. Chaque vélo va suivre un régime différent :

- le vélo remis à M. Goma Euloge, coursier de l'entreprise, constitue donc une immobilisation pour l'entreprise. Il y a donc livraison à soi-même imposable en application de l'article 4 de la loi. Un vélo est un véhicule de transport de personnes, et la TVA n'est donc pas déductible (article 21 de la loi) ;

- le vélo offert à Me Marroni est imposable par application de l'article 4 relatif aux livraisons à soi-même. Il s'agit en fait d'un cadeau, et la TVA est donc non déductible (article 20 de la loi).

3. Territorialité, fait générateur et exigibilité

3.1. Territorialité

3.1.1. Les opérations réalisées par « TOUBENEF » doivent être analysées ainsi qu'il suit :

- l'importation des biens est imposable au Congo (article 4.2/). Ceci s'explique par la règle de territorialité qui veut que, pour les biens, ce soit la livraison au Congo qui soit la base d'imposition (article 8, 2e alinéa). On peut également dire que les biens sont utilisés (investissements) ou consommés (autres biens) au Congo ou non. Il en résulte l'imposition de l'importation à la TVA lors du passage du cordon douanier ;

- la vente de 500 tonnes de haricots à Bangui constitue une exportation passible du taux zéro (article 17) qui s'explique par le fait que les biens exportés sont consommés ou utilisés hors du pays ;

- Ouesso étant situé au Congo, l'article 8, qui impose au Congo les livraisons des biens réalisées sur le territoire, s'applique.

3.1.2. Par exception aux règles de territorialité, et par mesure de simplification, les opérations de transports internationaux sont imposées dans l'État du domicile du transporteur ou du siège social de la société (article 8, alinéa 3). La compagnie « FYLL' DELAIR » a son siège à Yaoundé (Cameroun). Dans ces conditions, seules les lignes locales sont imposées à la TVA au Congo pendant que les lignes internationales sont hors taxes :

- Pointe-Noire – Loudima et Pointe-Noire – Brazzaville : imposées à la TVA au Congo ;

- Pointe-Noire – Cabinda et Pointe-Noire – Libreville : hors TVA.

3.1.3. En matière de prestations de services, c'est le lieu d'utilisation du service qui est la règle de territorialité (article 8, alinéa 2). On peut aussi dire : si le bénéficiaire de la prestation est situé au Congo c'est que le résultat de la prestation y est consommé. Dans ces conditions, les prestations de la société « PETROS » sont imposées ainsi qu'il suit :

- peinture des tuyauteries de la plate-forme BK-104 située à 18 miles en mer : prestation imposée au Congo, car les plates-formes sont situées sur le territoire (article 8, alinéa 4 : eaux territoriales et autres zones maritimes) ;

- travaux d'électricité sur le terminal de Djéno : idem, mais c'est une zone terrestre ;

- réparation de pompes réalisée au Gabon : la prestation est certes réalisée à l'étranger, mais le bénéficiaire est une compagnie pétrolière située au Congo, d'une part, et c'est la société PETROS qui va refacturer à ladite compagnie la prestation réalisée au Gabon.

Ceci revient donc à la même solution que la réalisation d'une prestation au Congo.

3.1.4. La prestation réalisée par le cabinet « Duduch & Cie » est réalisée au Congo et elle doit donc être imposée à la TVA congolaise (article 8, alinéa 2). Le fait que le cabinet soit étranger l'oblige à désigner un représentant fiscal (article 9). Dans le cas contraire, c'est le client de « Duduch » qui est censé payer la TVA pour le compte de ce dernier.

3.2. Fait générateur et date d'exigibilité

3.2.1. Pour les livraisons des biens (ventes), le fait générateur est, selon l'article 10, la livraison (on dit aussi remise du bien), et la date d'exigibilité est celle de la réalisation du fait générateur (article 11). La pratique veut que la date de facture soit reconnue comme étant la date d'exigibilité. Dans le cas « MECACONGO », le fait générateur est donc établi au 04 août (bon de livraison) et la date d'exigibilité au 05 août (facture). Du fait des délais de transport, on pourrait discuter sur la date de transfert de propriété qui pourrait être fixée au 20 août (date de réception chez « BOUCHTOU »).

3.2.2. Avec le cabinet « CONTES », nous sommes en présence d'une profession libérale qui exécute donc une prestation de services pour laquelle le fait générateur est, selon l'article 10, l'exécution des services ou des travaux, et la date d'exigibilité est celle de l'encaissement (article 11). Le fait générateur est donc le 23 février (remise des comptes et du rapport), et la date d'exigibilité le 20 avril (date du règlement).

3.2.3. En matière d'hydrocarbures, le fait générateur et l'exigibilité sont fixés à la première mise à la consommation (articles 10 et 11). Dans le cas « COCOPET », fait générateur et date d'exigibilité sont donc réalisés au 25 août 1997 (date d'expédition).

3.2.4. « BECO » réalise des travaux immobiliers qui sont aussi un marché public puisque réalisés pour un ministère. Dans ces conditions, le fait générateur correspond à l'exécution des travaux (article 10), et la date d'exigibilité au moment de l'encaissement du prix ou des acomptes (article 11). Dans ces conditions, le fait générateur est donc la réception définitive (06/02/98), et l'exigibilité réalisée à chaque paiement, et correspond donc au calendrier des règlements :

- 20% à la passation du marché (15/09/97) ;
- 20% à la fin des fondations (27/10/97) ;
- 30% à la mise hors d'eau (10/12/97) ;
- 20% à la réception définitive (06/02/98) ;
- 10% 1 an après (06/02/99).

3.2.5. Dans le cas de la SEXC, on est en présence d'une livraison de biens à soi-même pour laquelle le fait générateur est la première mise en service (article 10) et la date d'exigibilité est la réalisation du fait générateur. Les deux dates coïncident donc au 15 janvier.

3.2.6. Les activités de « BEL' FORM » sont des prestations de services pour lesquelles le fait générateur est la réalisation du service (article 10), et la date d'exigibilité est, normalement, la date d'encaissement (article 11, premier alinéa), à moins que le prestataire n'ait demandé à acquitter la TVA d'après les débits (article 11, alinéa 2), ce qui est le cas. En ce qui concerne la prestation réalisée pour « GROBRAS », le fait générateur va s'étendre sur le 4e trimestre et la date d'exigibilité est le 1er octobre, date de la facture (qu'on appelle aussi date de débit).

4. Déductibilité de la TVA

4.1. El Hadj Mohammed réalise des opérations imposables (article 3.1/). Il est assujetti par nature (puisque réalisant des opérations imposables au-delà des limites-plancher fixées par la loi (60 millions selon l'article 6). Il est donc admis, par nature, à déduire la TVA qui a grevé ses achats, charges ou investissements. Mais, en fait, ce droit lui est refusé par application de l'article 27 de la loi qui stipule que le redevable ne peut se prévaloir de sa qualité d'assujetti qu'après enregistrement et attribution d'un numéro d'identification unique (NIU) qui doit être demandé aux Services des Impôts.

Or, M. El Hadj Mohammed n'a pas de NIU, ou s'il en a, il ne le fait pas figurer sur ses documents, ce qui est obligatoire en vertu de l'article 29 de la Loi TVA et de l'article 399 ter du Code général des impôts institué par la Loi de Finances pour 1996. Monsieur El Hadj Mohammed n'est donc pas reconnu comme assujetti à la TVA et perd le droit corrélatif de déduire la taxe qui a grevé ses achats, charges et investissements.

4.2. Les véhicules de transport de personnes ou à usage mixte sont exclus par l'article 21 de la loi. Les véhicules bi-cabines sont des véhicules à usage mixte. La TVA y afférente est donc non déductible pour SOCOROUTES.

4.3. LA TVA qui a frappé la vente de cadeaux n'est pas déductible pour l'entreprise acheteuse (article 20), sauf si leur valeur unitaire hors taxes est inférieure à 2.000 FCFA. Dans ces conditions, les 216.000 FCFA de TVA relative à l'achat sont déductibles.

4.4. Compte tenu des éléments en notre possession, les règles de déductibilité s'appliquent ainsi qu'il suit :

4.4.1. L'article 20 exclut la déductibilité de la TVA relative aux locations de véhicules.

4.4.2. La TVA relative aux produits pétroliers n'est pas déductible (article 20), sauf pour les gazoles utilisés sur les moteurs fixes. Un groupe électrogène portable ne peut pas être considéré comme un moteur fixe. La TVA est donc non déductible.

4.4.3. Rien dans les articles 20 et 21 n'interdit la déductibilité de la TVA sur factures de téléphone. Le fait que ces factures soient relatives au siège suffit pour en faire des charges relatives à l'exploitation. La TVA est donc déductible (on dit aussi « récupérable »).

4.4.4. Une camionnette de livraison n'est pas un véhicule de transport de personnes pour lequel il y a une interdiction de déductibilité. La TVA est donc déductible.

4.4.5. Par nature, la TVA sur achats de papeterie est déductible. Mais, par stipulation de l'article 20, la TVA relative aux marchandises réexpédiées en l'état n'est pas déductible, ce qui est le cas ici.

4.4.6. Un bateau de plaisance est un type de véhicule de transport de personnes. Par application de la Loi TVA, article 20, la déduction de la TVA afférente aux locations est exclue.

4.4.7. Rien dans les articles 20 et 21 de la loi n'interdit la déductibilité de la TVA sur les transports. Mais l'article 28 de la loi et l'article 387 quater nouveau du Code général des impôts stipulent que « les pièces justificatives relatives à des opérations ouvrant droit à déduction doivent être les documents originaux ». Ce n'est pas le cas ici, et la TVA de 684.000 FCFA n'est pas déductible. Il conviendra de la rajouter au montant brut de transport comptabilisé.

4.4.8. Par application de l'article 20, la TVA qui frappe l'achat de cadeaux n'est pas déductible, sauf s'ils sont de faible valeur (2.000 FCFA), ce qui n'est pas le cas ici. La TVA n'est donc pas déductible.

4.4.9. Honoraires de l'expert comptable, non agréé UDEAC : TVA déduite, 360.000 FCFA.

Rien dans la loi (articles 20 et 21) n'interdit la déductibilité de la TVA sur honoraires.

Le fait que l'expert comptable ne soit pas agréé UDEAC n'a aucune incidence en la matière, car non stipulé dans la loi.

4.4.10. Réparation de la toiture du hangar de stockage : TVA déduite, 1.440.000 FCFA.

L'article 20 interdit la déduction de la taxe qui a grevé les services afférents à des biens exclus du droit à déduction (véhicules particuliers par exemple). Or, les hangars ne sont pas visés. La TVA est donc déductible.

4.5. Les frais de réception sont exclus du droit à déduction par l'article 20. La société « BOUKOUT » ne pourra donc déduire la TVA facturée par l'hôtel SOFITEL.

4.6. Dans tous les cas, la taxe afférente aux frais d'hôtel (hébergement) est exclue du droit à déduction par l'article 20.

4.7. Même chose pour la TVA relative aux notes d'hôtel de M. Mpassi André, agent commercial de la société « GAYPIED ».

4.8. La remise de colis de fin d'année s'assimile à un cadeau. En l'espèce, ce cadeau dépasse les limites (2.000 FCFA unitaire) pour la déduction éventuelle de la TVA et, d'autre part, ces colis alimentaires sont assimilables à de la restauration. En conséquence, la TVA relative à cette livraison à soi-même n'est pas déductible (article 20).

4.9. Rien dans les articles 20 et 21 n'exclut les frais de téléphone du droit à déduction. Dans ces conditions, les 21.600 FCFA sont déductibles.

4.10. « LOCAUTO » a pour activité la location et la mise des véhicules en crédit-bail. Dans ces conditions, l'achat de véhicules de transport de personnes n'est pas exclu du droit à déduction (article 21 alinéa 2).

5. Pourcentage de déduction et prorata

5. 1. Dans le cas MIGROS, le pourcentage de déduction est de :

$$\frac{128.287.500 + 39.176.000 + 50.000.000}{128.287.500 + 62.628.200 + 39.176.000 + 50.000.000} \text{ Soit } 77,64\%$$

En effet, les exportations doivent être comprises tant au numérateur qu'au dénominateur alors que les ventes exonérées et les subventions d'équipement ne figurent pas au numérateur (articles 22 et 24 de la loi).

En application de l'article 23 de la loi, le prorata sera de 80%, applicable à la TVA sur achats, charges et investissements.

5.2. En ce qui concerne SUPERCASH qui commence ses activités en 1997, il n'y a pas, évidemment, de comptes antérieurs. On calcule donc (article 24 de la loi) un prorata provisoire. Puis, avant le 1er avril de l'année suivante, on recalcule un prorata définitif. Il faut alors recalculer les déductions auxquelles l'entreprise aurait eu droit pour le comparer avec les déductions effectuées avec le prorata provisoire. La différence éventuelle donne lieu à régularisation dans les mêmes délais (et donc au plus tard avec la déclaration au titre du mois d'avril déposée en mai).

Le pourcentage provisoire de déduction est de :

$$\frac{250.000.000 + 25.000.000}{250.000.000 + 25.000.000 + 180.000.000} \quad \text{Soit } 60{,}4\%$$

En effet, seules les ventes exonérées sont exclues du numérateur (articles 22 et 24 de la loi).

En application de l'article 23 de la loi, le prorata provisoire sera de 60%, applicable à la TVA sur achats, charges et investissements.

Le pourcentage définitif, calculé sur les chiffres définitifs connus en fin mars 1998, est de :

$$\frac{318.752.500 + 39.552.400}{318.752.500 + 39.552.400 + 146.896.450} \quad \text{Soit : } 70{,}9\%$$

Le prorata définitif s'établit donc à 80% (puisque compris entre 70 et 90%).

Dans ces conditions, SUPERCASH a droit à un complément de déduction égal à 20% de la base HT de ses achats, charges et déductions, soit 71.458.720 FCFA. En effet, le barème du prorata progresse par tranches de 20% et l'entreprise est passée d'un prorata provisoire de 60% à un prorata définitif de 80%.

6. Base imposable et calcul de la TVA (et des centimes additionnels)

6.1. Vente de la « Franco-congolaise de Gastronomie »

FRANCO-CONGOLAISE DE
GASTRONOMIE
1, rue Daniel Mankou – B.P. n° 1234
Brazzaville
RC 83 A 216 – NIU : 10.195.0234.7

ALICO
7, rue Franquin
Brazzaville

Livraison : 20/07/97
Facture n° 321 – Brazzaville, le 20 juillet 1997

Désignation	Unité	Qté	Prix unit.	Prix total
Foie gras d'oie entier Saumon fumé Whisky	Kg Kg Blle	50 50 120	140.000 48.000 22.500	7.000.000 2.400.000 2.700.000
Total-marchandises				12.100.000
Rabais : 20%, mais 5% sur foie gras Remise : 10% sur saumon et whisky				-1400.000 -510.000

Port				120.000
Total net remisé				10.310.000
Escompte : 2%				-206.200
Total net HT				10.103.800
TVA : 18% Centimes additionnels : 5% sur TVA				1.818.720 90.936
Montant total TTC à payer				12.013.456

La base imposable à la TVA de la vente de la « Franco-congolaise de Gastronomie » est de 10.103.800 FCFA après déduction des rabais, de la remise et de l'escompte, mais y compris le port.

Il est rappelé que, pour le calcul de la TVA, la base est arrondie au millier de FCFA le plus proche, soit ici 10.104.000.

6.2. Le rabais accordé par les « Éditions du Congo » doit faire l'objet d'un avoir dont la base imposable à la TVA est de 267.750 FCFA, égal à 35% du prix net remisé, facturé à l'origine. L'avoir peut se présenter ainsi qu'il suit :

LES ÉDITIONS DU CONGO
2, rue Edgard P. Jacobs – B.P. n° 1200
Brazzaville
RC 60 B 10 – NIU : 10.195-0010.3

NIU client : 01.196.0121.4 – LIBRAIRIE GUTENBERG
B.P. n° 10
2 bis, rue de La Bédé
Pointe-Noire

Avoir n° 3 – Brazzaville, le 04 août 1997

Désignation	Unité	Qté	Prix unit.	Prix total
Vente du 07 juillet Remise du 07 juillet : 15%			900.000 -135.000	
Total net remisé du 07 juillet			765.000	
Rabais : 35% sur livres abîmés				-267.750
Total net HT				-267.750
TVA : 18% Centimes additionnels : 5% sur TVA				-48.240 -2.412
Montant total TTC				-318.4021

6.3. La base imposable à la TVA de la prestation du cabinet « JURIS » est de 2.500.000 (honoraires). Les frais d'actes et droits d'enregistrement sont des « débours » facturés au franc le franc, et donc exclus de la base d'imposition (article 14).

6.4. La base imposable à la TVA pour la livraison de « MECACONGO » au magasin de Ouesso est de 8.796.250 FCFA, soit 8.796.000 après arrondissement au millier de FCFA le plus proche (article 12, 3e alinéa). Les emballages consignés sont exclus de la base d'imposition (article 15) et les débours (ici les frais de port refacturés au franc le franc) sont exclus en application de l'article 14.

On remarquera que la remise est également exclue de la base d'imposition par déduction du montant des marchandises. Le corps de la facture peut être présenté ainsi qu'il suit :

Désignation	Unité	Qté	Prix unit.	Prix total
Pièces XY	Pièce	200	2.500	500.000
Pièces B8	Pièce	500	4.350	2.175.000
Pièces JK	Pièce	800	7.875	6.300.000
Total-marchandises				8.975.000
Remise : 5%				-448.750
Emballages perdus Assurance				150.000 120.000
Base imposable				8.796.250
TVA : 18%				1.583.280
Centimes additionnels : 5% sur TVA Emballages consignés Port				79.164 200.000 350.000
Montant total TTC à payer				11.008.694

6.5. La base imposable de l'échange est de :

Valeur du vélomoteur : 500.000 FCFA
+ Soulte (versement) :100.000 FCFA
Base imposable = total : 600.000 FCFA

6.6. La base imposable de la camionnette d'occasion est de :

Prix de vente : 4.000.000 FCFA
− Prix d'achat : 2.800.000 FCFA
Base imposable = marge : 1.200.000 FCFA

7. Régularisations

7. 1. Immobilisations

La revente est intervenue 26 mois après l'achat. En application de l'article 25 de la loi, il doit y avoir une régularisation de la TVA déduite, car le bien immobilisé est sorti de l'actif avant la fin de la troisième année.

La régularisation est égale au total de la taxe déduite diminué de 1/5 par année ou fraction d'année écoulée depuis l'acquisition : soit ici 26/60 (26 mois sur une durée minimum autorisée de 5 ans, soit 60 mois).

Taxe déduite : 652.500 FCFA

Déductible autorisée : – 652.500 x 26/60 = 282.750 FCFA

Montant à reverser : 369.750 FCFA

7.2. TVA déductible dont la récupération a été omise

7.2.1. La règle est que la TVA déductible et omise peut être régularisée pendant 1 an à compter de la naissance du droit à déduction (article 18 de la loi (cf. 2e partie, chapitre 6, § 6.8 ci-dessus).

A la date du 10 juillet 1999, le comptable dispose encore de 6 jours pour effectuer la déduction de 540.000 FCFA relative aux honoraires d'avocat facturés le 16 juillet 1998, dans la déclaration au titre du mois de juin à déposer au plus tard le 15 juillet.

7.2.2. Par application du même principe, les montants de TVA relative aux factures SNE de janvier, mars et mai 1998 sont définitivement perdus puisque le délai de 1 an est dépassé. Il est par contre possible de déduire la TVA omise sur facture SNE de juillet 1998.

8. Déclaration

Compte tenu des éléments à notre disposition, la déclaration de TVA à déposer en novembre devra être documentée ainsi qu'il suit :

Direction générale des Impôts et des Domaines
Direction des Grandes Entreprises

REPUBLIQUE DU CONGO
UNITE – TRAVAIL – PROGRES

TAXE SUR LA VALEUR AJOUTÉE

Déclaration du chiffre d'affaires du mois d'octobre............ 20........

A souscrire avant le 16 du mois suivant

MODE CA3

TIMBRE A DATE

Réservé à l'Administration

IDENTIFICATION

NI : NIU | 1 | 0 | 1 | 9 | 6 | 3 | 4 | 7 | 1 | 7 |

Prénom ou raison sociale... : Bureau 2000...........

Adresse principale ... : BP... 1445, Brazzaville (Mpila) – 23, rue des 3 orfèvres...........

Tél : 83.29.87 .... Fax : 83.29.88.......

Code-résidence | 1 | 6 |

Fiscale

OPERATIONS REALISEES		
Opérations imposables	1	193.102.500
Livraison à soi-même	2	3.455.000
BASE TVA (lignes 1+2)	3	196 557 500
Opérations non-imposables	4	0
Exportations	5	12.789.987
CHIFFRE D'AFFAIRES TOTAL (lignes 3 à 6)	6	209.347.487

DEDUCTIONS		
Déductions sur biens ne constituant pas des immobilisations, ou sur services		
sur importations	7	12.890.650
Autres	8	450.700
Déductions sur immobilisations		
sur importations	9	18.567.800
Autres	10	1.345.450
Régularisations		
Compléments de déductions (joindre justificatifs)	11	258.430
Report de crédit du mois précédent (déclaration précédente, ligne 18)	12	1.626.343
Des déductions (lignes 7 à 12)	13	35.139.373
Pourcentage des déductions %		

DECOMPTE DES DROITS A PAYER			
TVA brute (ligne 3 x 18%)	14	+	35.380.350
Reversement à effectuer (motif à préciser)	15	+	
TVA déductible (ligne 13)	16	-	35.139.373
TVA nette à payer (ligne 14 + ligne 15 - ligne 16)	17		240.977
ou Crédit à reporter (ligne 16 - ligne 14 - ligne 15)	18		

PAIEMENT (à joindre obligatoirement à la déclaration)

Montant du versement (en toutes lettres) : Deux cent quarante mille neuf cent soixante-dix-sept francs CFA

N° de Quittance

Code de paiement

Chèque [*] à l'ordre de "Recette UGE", compte BEAC n°

Espèces [ ]

Virement [ ] à l'ordre de "Recette UGE", compte BEAC n°

Réservé à l'Administration

Banque : UCB agence Cabral...........

Banque n° 728217...........

A.............................. le ....

Signature et cachet du déclarant

9. Sanctions

9.1. L'entreprise « Malandrin » étant « inconnue » de l'UGE, il y a défaut de déclaration d'existence qui est sanctionné par une amende de 200.000 FCFA et la perte du droit à déduction sur la période de non-déclaration (article 378 du Code général des impôts).

9.2. Le fait que l'enquêteur découvre que l'entreprise commercialise depuis 11 mois des coffres-forts, des alarmes et des serrures de tous types démontre que « JOUBLI » a omis de déclarer la modification d'activité. Cette omission est passible d'une pénalité de 1.100.000 FCFA (100.000 par mois de retard de déclaration de modification d'activité selon l'article 378 du Code général des impôts).

9.3. Le 19 septembre, « Malandrin » a 3 jours de retard par rapport à la date limite de dépôt de déclaration qui est le 15 au plus tard. Ce retard de dépôt est sanctionné par un intérêt de 5% de la taxe, soit 25.000 (montant minimum fixé par l'article 373 du Code général des impôts, puisque le montant exact aurait été de 1.491 FCFA).

9.4. Le dépôt d'une déclaration plus de 8 jours après une mise en demeure est sanctionné par une pénalité de 10% par mois de retard, tout mois entamé étant dû (article 373 du Code général des impôts). Ici, le retard est de 38 jours. La pénalité sera donc de 20% de la taxe, soit 496.100 FCFA. En outre, le manque de réponse dans les 8 jours à une mise en demeure expose à la taxation d'office. Bien évidemment, les intérêts de retard de 5% l'an s'appliquent avec, ici, un minimum de 25.000 FCFA.

9.5. La société « PICSOU » a déposé sa déclaration dans les temps, mais a payé avec 3 semaines de retard, mais qui couvrent 2 mois successifs. Ceci se traduit par un intérêt de retard de 5% l'an calculé sur le montant de la taxe (article 460 du Code général des impôts), soit 10.850 FCFA.

9.6. L'exclusion des emballages perdus des bases imposables constitue une minoration de base. Expliquer cette exclusion en excipant du fait qu'en moyenne annuelle le prix de facturation est quasiment égal au prix de revient (et donc sans marge globale sur l'année) ne peut faire éviter le redressement, car rien dans la loi ne permet cette exclusion des bases imposables (à l'exception des emballages consignés ou des débours refacturés exactement).

En revanche, l'explication est économiquement justifiée et la bonne foi doit être présumée.

Dans ces conditions, l'article 374 du Code général des impôts de la loi frappe cette minoration d'une pénalité de 2% par mois avec un minimum de 10% de la taxe et un plafond de 10%. En l'espèce, la période vérifiée (octobre à décembre) étant éloignée de la date de vérification (février) de moins de 5 mois (2% par mois de retard avec un minimum de 10% donnent cinq mois de délais), c'est le minimum de 10% qui s'applique, à savoir :

- octobre : 724.800 x 2% x 3 mois : 72.480
- novembre : 118.700 x 2% x 2 mois : 11.870
- décembre : 423.950 x 2% x 1 mois : 32.395

Total : 116.745

9.7. Du fait de la démonstration effectuée par le vérificateur, il s'avère que la SA « Fils Canet » a manifestement réduit son chiffre d'affaires déclaré par rapport à la réalité.

S'agissant d'un constat réalisé sur la base de la comptabilité, cette dernière peut être rejetée parce que « fausse et non probante ». Et il doit être évident que M. Jean-Pierre La Fraud, président de la société, ne peut pas dire qu'il n'était pas au courant de cet état de fait.

Il y a donc ici une « inexactitude » sans manœuvres frauduleuses (chiffre d'affaires minoré, mais sans dissimulation et/ou sans preuve de double compatibilité par exemple). Par contre, la mauvaise foi est établie et l'article

374 du Code général des impôts s'applique, à savoir une pénalité de 200% des droits éludés, soit en l'occurrence 40 millions de FCFA (double des 20 millions estimés par le vérificateur). Dans la mesure où la comptabilité a été rejetée, et où la mauvaise foi est établie, il y a application du principe de « renversement de la preuve » et c'est à M. Jean-Pierre La Fraud d'apporter la preuve contraire à ce qui est démontré par le vérificateur.

9.8. Du fait de son chiffre d'affaires (en moyenne de 45 millions de FCFA HT par an), M. La Gaff n'est pas assujetti à la TVA. Il n'a donc pas le droit de facturer la taxe ; en conséquence, cette facturation de TVA est illégale. Ceci se traduit par l'obligation de reverser la taxe (article 30). Une pénalité de 2% par mois (d'irrégularité) accompagne cette opération illégale.

9.9. La vente de poissons produits au Congo est exonérée (article 7.6 de la loi). La facturation de la TVA est donc illégale et est considérée comme une « inexactitude ». Ceci se traduit par :

- l'obligation de reverser la taxe (article 30) ;
- une pénalité de 2% par mois écoulé entre la date de facturation et la date de redressement, avec un minimum de 10% et un maximum de 50%. Ceci à condition que la bonne foi soit reconnue (article 374 du Code général des impôts). En cas de mauvaise foi, la pénalité est de 200%.

9.10. Le taux de 18,9% est illégal. Le seul taux autorisé est de 18% (article 17), sauf à exporter, auquel cas le taux est de 0%. Expliquer le taux par l'intégration des centimes additionnels n'excuse en rien cette pratique. Les deux taxes ont une origine et des caractéristiques totalement différentes. En sus, la circulaire n° 232 du 31 juillet 1996 de la Direction générale des Impôts qui fait la distinction entre les deux taxes et leur traitement reste en vigueur.

Il y a donc là facturation illégale de la TVA considérée comme une « inexactitude » passible d'une pénalité de 2%

par mois écoulé entre la date de facturation et la date de redressement, avec un minimum de 10% et un maximum de 50%. Ceci à condition que la bonne foi soit reconnue (article 374 du Code général des impôts). En cas de mauvaise foi, la pénalité est de 200%.

9.11. La vente par un redevable de la TVA à un assujetti doit faire l'objet d'une facture réglementaire (article 29 de la loi). En conséquence, un ticket de caisse ne saurait suffire contrairement aux ventes aux clients finaux. Dans ces conditions, la contravention à l'article 29 est sanctionnée par une amende de 200% (article 374 du Code général des impôts), soit en l'espèce 475.200 FCFA (1.320.000 x 18% x 2). En cas de récidive, l'amende est portée à 400%, soit, ici, 950.400 FCFA.

9.12. Sauf preuve ultérieure apportée par « Arnak & Co », il paraît évident qu'on se trouve en présence de « fausses factures » qui n'ont pour objectif que de procurer à « Arnak & Co » :

- de la TVA déductible pour réduire la TVA à reverser ;

- de fausses charges qui réduisent ses résultats imposables.

En matière de TVA, ces fausses factures supportent une pénalité de 200% du montant de la TVA ainsi déduite (article 374 du Code général des impôts), soit en l'espèce 7.123.500 FCFA x 2 = 14.247.000 FCFA. L'émetteur de ces fausses factures peut être appelé en paiement de la TVA de 7.123.500 FCFA et en paiement solidaire de la pénalité de 14.247.000 FCFA (même article).

ANNEXE

LOI RELATIVE A L'INTRODUCTION DE LA TAXE SUR LA VALEUR AJOUTÉE EN RÉPUBLIQUE DU CONGO ET DISPOSITIONS DU CODE GÉNÉRAL DES IMPÔTS RELATIVES AUX TAXES SUR LE CHIFFRE D'AFFAIRES (MODIFIÉES PAR LA LOI DE FINANCES POUR 1997)

** ** **

Chapitre I : Champ d'application

Section 1. Opérations taxables

Article 1er. Il est institué sur les activités économiques exercées en république du Congo un régime de Taxe sur la valeur ajoutée, en abrégé TVA.

Article 2. Sont soumises à la TVA les opérations relevant d'une activité économique que constituent une importation, une livraison de biens ou une prestation de services, effectuées sur le territoire de la république du Congo, à titre onéreux, par un assujetti.

Sont réputées activités économiques, les activités industrielles, commerciales, non commerciales, artisanales, agricoles, extractives ou forestières.

Article 3. Sont notamment considérées comme des activités économiques au sens de l'article 2 :

1/ Les livraisons de biens

La livraison de biens consiste en un transfert de propriété, même si ce transfert résulte d'une réquisition de l'autorité publique.

L'échange, l'apport en société à titre onéreux et la vente à tempérament sont assimilés à des livraisons de biens.

2/ Les prestations de services

Toutes les activités qui relèvent du louage d'industrie ou du contrat d'entreprise par lequel une personne s'oblige à exécuter un travail quelconque moyennant rémunération sont des prestations de services.

Sont notamment considérées comme des prestations de services :

- les locations de biens meubles et immeubles ;
- les opérations portant sur des biens meubles incorporels ;
- les opérations de leasing et de crédit-bail ;
- le transport de personnes et de marchandises, le transit et la manutention ;
- la fourniture d'eau, d'électricité, de gaz, de téléphone ;
- les opérations réalisées dans le cadre d'une activité libérale, de travaux d'études, de conseil, de recherche et d'expertise ;
- les ventes à consommer sur place ;
- les réparations avec ou sans pose de pièces et le travail à façon ;
- les travaux immobiliers exécutés par les différents corps de métier participant à la construction, l'entretien et la réparation de bâtiments et d'ouvrages immobiliers : les travaux publics, les travaux de construction métallique, de démolition, les travaux accessoires ou préliminaires aux travaux immobiliers.

3/Les subventions à caractère commercial, quelle qu'en soit la nature, perçues par les assujettis à raison de leurs activités imposables ;

4/Les remises de prêts et les abandons de créances ;

5/La mise à la consommation et la distribution des produits pétroliers, à l'exclusion de la revente au détail des mêmes produits.

Article 4. Sont également soumises à la TVA :

1/Les livraisons et prestations à soi-même de biens et services

a) Par livraisons à soi-même de biens, il faut entendre les prélèvements et affectations de biens effectués par des assujettis :

1°Pour des besoins autres que ceux de l'exploitation (besoins des dirigeants, de son personnel ou des tiers) ;

2°Ou pour les besoins de l'entreprise, s'il s'agit de production d'immobilisations ou de biens exclus du droit à déduction.

b) Par prestations à soi-même, il faut entendre les utilisations de biens et les services effectués par des assujettis :

1°Pour des besoins autres que ceux de l'exploitation (besoins des dirigeants, de son personnel ou des tiers) ;

2°Ou pour les besoins de l'entreprise, s'il s'agit d'entretien ou de réparation, par les moyens propres à l'entreprise, de biens appartenant à l'entreprise.

2/ Les importations de biens ou de marchandises au Congo, même si l'importateur n'a pas la qualité d'assujetti à la TVA.

Section 2. Assujettis

Article 5. Sont assujetties à la Taxe sur la valeur ajoutée les personnes physiques ou morales, y compris les collectivités publiques et les organismes de droit public, qui réalisent, à titre habituel ou occasionnel et de manière indépendante, des opérations imposables entrant dans le champ d'application de la taxe et accomplies dans le cadre d'une activité économique effectuée à titre onéreux.

Les personnes ci-dessus définies sont assujetties à la TVA, quels que soient leur statut juridique et leur situation au regard des autres impôts, la forme ou la nature de leurs interventions.

Toutefois, les personnes morales de droit public ne sont pas assujetties à la TVA pour l'activité de leurs services administratifs, socio-éducatifs, culturels et sportifs lorsque leur non-assujettissement n'entraîne pas de distorsion dans les conditions de la concurrence.

Article 6. Le chiffre d'affaires imposable à la TVA est déterminé selon le régime du forfait ou du chiffre d'affaires réel conformément aux articles 26 et 30 du Code général des impôts.

Au cas où le chiffre d'affaires deviendrait inférieur aux limites fixées ci-dessus, l'entreprise reste assujettie l'année suivant celle de la constatation de la diminution du chiffre d'affaires.

L'article 26-1 du Code général des impôts, modifié par la Loi de Finances pour 1997, dit que :

1) Le bénéfice imposable est taxé selon le régime de l'impôt global forfaitaire qui s'applique à tous les contribuables dont le chiffre d'affaires n'excède pas :

a) 60 millions de francs CFA pour les livraisons de biens ;

b) 20 millions de francs FCFA pour les prestations de services et les bénéfices non commerciaux ;

b) Lorsque l'activité d'une entreprise ressort à la fois aux deux catégories définies ci-dessus, le régime du forfait n'est applicable que si son chiffre d'affaires global n'excède pas 40.000.000 FCFA ou si le chiffre d'affaires annuel afférent aux activités de la deuxième catégorie ne dépasse pas 10.000.000 FCFA ;

c) Toutefois, les entreprises dont le chiffre d'affaires s'abaisse au-dessous de la limite prévue à l'alinéa précédent ne sont soumises au régime du forfait que lorsque leur chiffre d'affaires est resté inférieur à cette limite pendant trois exercices consécutifs de douze mois ;

e) Le régime de l'impôt global forfaitaire demeure applicable pour l'établissement de l'imposition due au titre de la première année au cours de laquelle les chiffres d'affaires limites prévues pour ce régime sont dépassés.

2) Par dérogation aux dispositions du paragraphe 1er ci-dessus, les contribuables qui sont en mesure de satisfaire aux prescriptions des articles 30 et 31 (du Code général des impôts) ont la faculté d'être soumis au régime d'imposition d'après le bénéfice réel.

A cet effet, ils doivent notifier à l'agent chargé des contributions directes avant le 1er février de l'année suivant celle au titre de laquelle l'imposition est établie. L'option est valable pour ladite année et les deux années suivantes. Pendant cette période, elle est irrévocable.

3) Au-delà des limites édictées par les alinéas a, b et c ci-dessus, le régime réel d'imposition s'applique de plein droit. Il en est de même en matière de taxe sur le chiffre d'affaires, centimes additionnels et droits d'accises ou de toute autre taxe qui en tiendrait lieu.

Section 3. Exonérations

Article 7. Sont exonérées de Taxe sur la valeur ajoutée :

1. Les ventes de produits du cru réalisées par les agriculteurs, les éleveurs, les pêcheurs et les chasseurs dans le cadre normal le leurs activités. Toutefois, ne sont pas concernées par cette exonération les opérations effectuées par les pêcheurs exerçant à titre industriel. Sont considérés comme tels les pêcheurs exploitant des bateaux de plus de 40 tonneaux par unité.

2. Les opérations suivantes, dès lors qu'elles sont soumises à des taxations spécifiques, à l'exclusion de toute taxation sur le chiffre d'affaires :

- les ventes de produits des activités extractives ;
- les intérêts, agios et autres produits perçus par les banques et les établissements de crédit ;
- les opérations liées aux contrats d'assurance et de réassurance réalisées par les compagnies d'assurance et de réassurance dans le cadre normal de leurs activités, ainsi que les prestations de services afférentes à ces opérations effectuées par les courtiers et autres intermédiaires d'assurances ;
- les opérations ayant pour objet la transmission des biens immobiliers et des biens meubles incorporels passibles de droits d'enregistrement, à l'exclusion des opérations de même nature effectuées par les marchands de biens ou celles de crédit-bail.

3. L'importation ou la vente par l'État et les collectivités locales de figurines postales, de cécogrammes, de timbres fiscaux ou de papiers timbrés.

4.1. Les opérations d'impression, d'importations et de vente de journaux, de publications, livres-recueils, annales, mémoires, bulletins qui sont publiés dans un but d'intérêt général pour l'éducation, l'instruction, l'information du public, à l'exclusion des recettes de publicité. Pour bénéficier de cette exonération, les journaux et les publications périodiques doivent remplir les conditions prévues par la réglementation applicable en matière de presse ;

4.2. Les œuvres d'art, les imprimés électoraux, les livres et fournitures scolaires.

5. Les prestations de services à caractère social, sanitaire, éducatif, sportif, culturel, philanthropique ou religieux, rendus par des organismes sans but lucratif dont la gestion est bénévole et désintéressée. Toutefois, les opérations réalisées par ces organismes sont taxables lorsqu'elles se situent dans un secteur concurrentiel.

6. Les opérations, les livraisons et les prestations relatives aux biens et services suivants (combinaison du présent article 7, alinéa 6 et de l'annexe à la loi) :

- huiles alimentaires élaborées à partir de matières premières produites au Congo ;
- laits de toutes natures ;
- margarine, beurre, yaourt ;
- journaux et papier journal ;
- pain et farine produits au Congo ; levure, gluten et améliorants du pain ;
- blé ;
- œufs, poisson, viandes et volailles, fruits et légumes produits au Congo ;
- préparations pour l'alimentation des enfants ;
- sels ;
- riz ;
- médicaments.

7. Les importations de biens exonérés dans le cadre de l'article 241 du Code des douanes de la Communauté des États de l'Afrique centrale complété par l'acte 2/92 UDEAC/CEMAC556, CE-SE1.

8. Les ventes de biens usagés faites par les personnes qui les ont utilisés pour les besoins de leur exploitation.

9. Les ventes réalisées par les peintres, sculpteurs, graveurs, vanniers, lorsqu'elles ne concernent que les produits de leur art, et à condition que le montant du chiffre d'affaires annuel n'excède pas vingt millions de francs CFA.

10. Les établissements d'enseignement exerçant dans le cadre d'un agrément délivré par le ministère de l'Éducation nationale.

11. Les spectacles, à l'exception des loteries et paris mutuels urbains.

12. Les opérations relatives aux locations civiles de terrains non aménagés et de locaux nus.

13. Les livraisons de biens, les prestations de services, les livraisons à soi-même de biens et services, les importations de biens ou de services, dès lors qu'elles sont spécifiquement afférentes à la recherche, à la mise en valeur, à la production, au transport et à la commercialisation des hydrocarbures bruts.

Chapitre II : Territorialité

Article 8. Sont soumises à la TVA toutes les affaires réalisées en république du Congo non comprises dans la liste des exonérations, alors même que le domicile, la résidence de la personne physique ou le siège social de la personne morale assujettie serait situé hors des limites territoriales du Congo.

Une affaire est réputée faite au Congo, s'il s'agit d'une vente, lorsqu'elle est réalisée aux conditions de la livraison au Congo et, s'il s'agit d'autres opérations, lorsque le service rendu, le droit cédé ou l'objet loué sont utilisés ou exploités au Congo.

Par exception, en ce qui concerne les transports internationaux, les opérations sont réputées faites dans l'État du lieu de domicile, ou de résidence du transporteur individuel ou du siège social de la société, alors même que le principal de l'opération s'effectuerait hors de cet État.

Le terme « Congo » s'entend du territoire national, de l'espace aérien, des eaux territoriales et autres zones maritimes sur lesquelles, en conformité avec le droit international, la république du Congo exerce ses droits souverains aux fins de l'exploration et de l'exploitation des ressources naturelles des fonds marins, de leurs sous-sols et des eaux subjacentes.

Article 9. Le redevable non résident est tenu de désigner à l'administration fiscale un représentant solvable accrédité, résidant sur le territoire congolais, qui est solidairement responsable avec lui du paiement de l'impôt. Ce représentant doit être lui-même assujetti à la TVA.

En cas de non-désignation d'un représentant, la TVA et, le cas échéant, les pénalités y afférentes doivent être payées par le client pour le compte de la personne n'ayant pas au Congo un établissement stable ou une installation permanente.

Chapitre III : Fait générateur et exigibilité

Article 10. Le fait générateur de la Taxe sur la valeur ajoutée se définit comme étant l'événement qui donne naissance à la créance de l'État.

Le fait générateur se produit à :

- la livraison pour les ventes ;
- la première mise à la consommation pour les importations et les produits pétroliers ;
- la livraison de biens et marchandises en ce qui concerne les échanges de biens et les travaux à façon ;
- l'exécution des services et travaux en ce qui concerne les prestations de services et les travaux immobiliers ;
- l'encaissement du prix en ce qui concerne les autres affaires.

Par exception à ce qui précède, le fait générateur est constitué par la première utilisation, ou première mise en service, dans les cas de livraisons ou prestations à soi-même.

Article 11. La TVA est exigible :

- pour les importations et les produits pétroliers, lors de la mise à la consommation ;
- pour les ventes, les livraisons, y compris les livraisons à soi-même, lors de la réalisation du fait générateur ;

- pour les prestations de services et les affaires réalisées avec l'État ou les collectivités locales, au moment de l'encaissement du prix ou des acomptes. En cas d'escompte d'un effet de commerce, la TVA est exigible à la date d'échéance de l'effet.

Les prestataires de services et les entrepreneurs de travaux immobiliers peuvent être autorisés à acquitter la TVA d'après les débits. Cette autorisation ne vise pas les affaires réalisées avec l'État ou les collectivités locales.

En cas de perception d'acompte avant la note de débit, la taxe reste exigible lors de l'encaissement.

Chapitre IV : Base d'imposition et taux

Section 1. Base d'imposition

Article 12. La base d'imposition est constituée par toutes les sommes, valeurs, biens ou services perçus en contrepartie de l'opération, y compris les subventions ainsi que tous frais, taxes ou prélèvements de toutes natures y afférents, à l'exclusion de la TVA elle-même et de l'acompte sur divers impôts (ASDI).

La base d'imposition est, notamment, constituée par :

- le montant des marchés, mémoires ou factures pour les travaux immobiliers exécutés ;
- la valeur des produits reçus en paiement du bien livré, augmentée éventuellement du montant de la soulte encaissée dans les échanges ;
- en ce qui concerne les prestations de services, toutes les sommes et tous les avantages reçus et, le cas échéant, la valeur des biens incorporés dans l'exécution des services ;
- le prix de revient des biens ou des services pour les livraisons ou prestations à soi-même ;
- la différence entre le prix de vente et le prix d'achat en ce qui concerne le commerce des biens d'occasion.

La base d'imposition est arrondie au millier de francs CFA le plus proche.

Article 13. Pour les importations faites au Congo, la base imposable à la TVA lors du passage du cordon douanier est constituée par la valeur en douane augmentée des droits et taxes liquidés par l'administration des douanes, y compris les droits d'accises, à l'exception de la TVA elle-même et de l'acompte sur divers impôts.

Article 14. Sont exclus de la base d'imposition :

- les remises, rabais, ristournes et escomptes de caisse consentis directement au client, à condition qu'ils figurent sur une facture initiale ou sur une facture rectificative ;
- les remboursements de frais facturés pour leur montant exact au client.

Article 15. Sont également exclues de la base d'imposition les sommes perçues à titre de consignation lors de la livraison d'emballages identifiables, récupérables et réutilisables.

Lorsque ces emballages n'ont pas été rendus au terme des délais en usage dans la profession, la TVA est due sur le prix de cession.

Article 16. En ce qui concerne les marchés de l'État financés par les budgets publics, les aides ou prêts extérieurs, la base de la TVA est constituée par le montant des marchés, toutes taxes comprises, à l'exclusion de la Taxe sur la valeur ajoutée.

Les dispositions du précédent alinéa s'appliquent également aux marchés concernant les établissements publics à caractère industriel, commercial, scientifique, technique et administratif, les collectivités et organismes de droit public jouissant ou non de la personnalité juridique et de l'autonomie financière.

Section 2. Taux

Article 17. Les taux de la TVA sont les suivants :

- taux normal : 18%, applicable à toutes les opérations taxables, à l'exclusion des exportations et des transports internationaux ;
- taux zéro : 0%, applicable aux exportations et aux transports internationaux.

Le taux zéro s'applique uniquement aux exportations ayant fait l'objet d'une déclaration visée par les services des douanes, et aux transports internationaux. Ces taux s'appliquent à la base calculée hors TVA.

Chapitre V : Déductions

Section 1. Principes

Article 18. La TVA ayant grevé en amont les éléments constitutifs d'une opération imposable est déductible de la Taxe sur la valeur ajoutée applicable à cette opération. Cette TVA n'est déductible que si les biens et services auxquels elle se rapporte sont nécessaires à l'exploitation.

Le droit à déduction naît lorsque la taxe devient exigible chez l'assujetti.

En cas d'omission, l'entreprise conserve le droit à déduction pendant une durée d'un an à compter de la naissance du droit à déduction.

Article 19. La TVA dont les entreprises peuvent opérer la déduction est celle qui figure sur :

- les factures délivrées par les fournisseurs légalement autorisés à la mentionner ;
- les documents d'importation ;

- les déclarations souscrites par le redevable en cas de livraison à soi-même.

Section 2. Exclusion du droit à déduction

Article 20. Est exclue du droit à déduction la taxe ayant grevé :

- les dépenses de logement, hébergement, restauration, réception, spectacles, location de véhicules et transport de personnes ;
- les importations de biens et marchandises réexpédiées en l'état ;
- les services se rattachant à des biens exclus du droit à déduction ;
- les produits pétroliers, à l'exception des gazoles et fuels lourds utilisés sur les moteurs fixes ;
- les biens cédés sans rémunération ou moyennant une rémunération très inférieure à leur prix normal, notamment à titre de commission, salaire, gratification, cadeau, quelle qu'en soit la qualité du bénéficiaire ou la forme de la distribution, sauf s'il s'agit des biens de faible valeur. S'agissant des cadeaux, la déduction n'est autorisée que pour les biens d'une valeur unitaire hors taxes inférieure à deux mille francs CFA.

Article 21. Est également exclue du droit à déduction la taxe ayant grevé les véhicules ou engins, quelle qu'en soit la nature, conçus ou aménagés pour le transport des personnes ou pour des usages mixtes, constituant une immobilisation. Il en est de même pour les pièces de rechange, accessoires et charges d'entretien et/ou réparation desdits véhicules ou engins.

Toutefois, l'exclusion ci-dessus ne concerne pas :

- les véhicules routiers comportant, outre le siège du conducteur, plus de huit places assises, et utilisés par les entreprises pour le transport exclusif de leurs personnels ;
- les immobilisations des entreprises de location de véhicules ou de transport public de personnes.

Section 3. Limitation du droit à déduction

Article 22. Les entreprises qui ne réalisent pas exclusivement des opérations ouvrant droit à déduction sont autorisées à déduire la TVA qui a grevé les biens et services qu'elles acquièrent par application d'un prorata de déduction. Ce prorata est calculé à partir de la fraction du chiffre d'affaires afférent aux opérations qui ouvrent droit à déduction.

Cette fraction est le rapport entre :

- au numérateur, le montant hors taxes des recettes afférentes à des opérations soumises à la Taxe sur la valeur ajoutée, augmentée du montant des exportations ;
- au dénominateur, le montant total hors taxes des recettes de toutes natures, réalisées par l'assujetti, y compris le montant des exportations.

Article 23. La déduction est de :

100%	si le rapport est supérieur à 90% ;
80%	si le rapport est supérieur à 70% et inférieur à 90% ;
60%	si le rapport est supérieur à 50% et inférieur à 70% ;
40%	si le rapport est supérieur à 30% et inférieur à 50%
20%	si le rapport est supérieur à 10% et inférieur à 30% ;
0%	si le rapport est inférieur à 10%.

Article 24. Pour la détermination des recettes afférentes aux opérations soumises à la TVA, sont exclues :

- les livraisons à soi-même et les subventions d'équipement non taxables ;
- les indemnités ne constituant pas la contrepartie d'une opération soumise à la TVA ;
- les remboursements de débours.

Le prorata prévu à l'article 22 est déterminé provisoirement en fonction des recettes et produits réalisés l'année précédente ou, pour les nouveaux assujettis, des recettes et produits prévisionnels de l'année en cours.

Le prorata définitif est arrêté au plus tard le 1er avril de l'année suivante. Les déductions opérées sont régularisées, en conséquence, dans le même délai.

Section 4. Régularisations

Article 25. Lorsqu'un bien ayant fait l'objet d'une déduction au titre des immobilisations ne fait plus partie des actifs de l'entreprise, ou, en absence de sortie desdits actifs, fait l'objet d'une modification au regard du droit à déduction, soit du fait d'un changement de réglementation, soit en raison d'un changement d'utilisation avant la fin de la troisième année qui suit celle de l'acquisition, l'assujetti est redevable d'une fraction de la taxe antérieurement déduite. Cette fraction est égale au montant de la déduction diminué d'un cinquième par année ou fraction d'année écoulée depuis l'acquisition.

En cas de cession, si le bien constitue une immobilisation pour l'acquéreur, ce dernier peut opérer la déduction de la TVA correspondant au montant reversé par le vendeur au titre de la régularisation.

Cette déduction est subordonnée à la délivrance par le vendeur au bénéficiaire d'une attestation mentionnant le montant de la taxe déductible.

Le reversement de la TVA est intégralement exigé en ce qui concerne les services et biens ne constituant pas des immobilisations, lorsque ceux-ci sont utilisés pour des opérations non soumises à la TVA.

Article 26. La Taxe sur la valeur ajoutée acquittée à l'occasion des ventes ou des services qui sont par la suite résiliés, annulés, ou restent impayés peut être récupérée par voie d'imputation sur l'impôt dû pour les opérations faites ultérieurement. Pour les opérations annulées ou résiliées, la récupération de la taxe acquittée à raison de ces opérations est subordonnée à l'établissement et à l'envoi au client d'une facture nouvelle annulant et remplaçant la facture initiale.

Pour les opérations impayées, lorsque la créance est réellement et définitivement irrécouvrable, la rectification de la facture consiste en l'envoi d'un duplicata de la facture initiale avec des indications réglementaires surchargée de la mention « facture demeurée impayée pour la somme de................., prix hors TVA, et pour la somme de................., TVA correspondante qui ne peut faire l'objet d'une déduction ».

Chapitre VI : Obligations des redevables

Article 27. Tout redevable de la Taxe sur la valeur ajoutée doit, dans les quinze jours qui suivent le début de son activité, souscrire auprès de la Direction générale des Impôts une déclaration d'existence assortie d'une demande d'enregistrement en tant que redevable de la TVA.

Une déclaration de cession, cessation, ou de modification doit être souscrite auprès de la Direction générale des Impôts, dans les délais prévus aux articles 98-1 et 125 du Code général des impôts.

La Direction générale des Impôts délivre un certificat d'enregistrement ouvrant droit à l'assujettissement à la Taxe sur la valeur ajoutée et attribue au redevable un numéro d'identification fiscale (le NIU).

Un redevable ne peut se prévaloir de la qualité d'assujetti qu'après enregistrement et attribution d'un NIU.

Les présentes dispositions sont reprises à l'article 378 du Code général des impôts, modifié par la Loi de Finances pour 1997.

Article 28. Les redevables doivent tenir une comptabilité régulière comportant :

- un livre journal coté et paraphé ;
- un journal des ventes ;
- un journal des achats ;
- un livre d'inventaire.

La comptabilité doit être disponible au Congo au siège social ou au principal établissement de l'entreprise. Le lieu de tenue de comptabilité détermine l'Unité des Grandes Entreprises à laquelle l'entreprise sera rattachée. Les documents comptables doivent être conservés pendant une durée de dix années, majorée éventuellement des exercices pour lesquels un crédit de Taxe sur la valeur ajoutée a été reporté et non imputé. Les pièces justificatives relatives à des opérations ouvrant droit à déduction doivent être les documents originaux.

Tout redevable au régime du forfait doit, sur une période transitoire de trois (3) ans, prendre toute mesure nécessaire pour se soumettre aux stipulations prévues au paragraphe premier du présent article.

Il doit, toutefois, durant cette période, tenir un livre coté et paraphé sur lequel il inscrit jour par jour, sans blanc ni rature, le montant de chacune de ses opérations en distinguant ses opérations taxables de celles qui ne le sont pas.

Les dispositions de l'alinéa 1 et 2 ci-dessus sont reprises à l'article 387 quater du Code général des impôts modifié par la Loi de Finances pour 1997.

Article 29. Tout redevable de la TVA est tenu de délivrer une facture pour les opérations imposables effectuées avec d'autres assujettis. Cette facture doit obligatoirement mentionner :

- son nom et son adresse exacts ainsi que son numéro d'identification unique (NIU) ;

- le numéro d'identification unique (NIU) du client s'il est assujetti ;
- la date et le n° de série de la facture ;
- le nom et l'adresse du client ;
- la désignation et la quantité des biens ou prestations ;
- le montant des opérations hors taxes ;
- le taux de TVA appliqué et le montant de la TVA ;
- le montant, toutes taxes comprises.

Article 30. Toute personne qui mentionne la TVA sur une facture, ou sur tout autre document en tenant lieu, est redevable de la taxe du seul fait de sa facturation.

Lorsque la facture ou le document ne correspond pas à la livraison d'une marchandise ou à l'exécution d'une prestation de services, ou fait état d'un prix non acquitté effectivement par l'acheteur, la taxe est due par la personne qui l'a facturée.

Chapitre VII : Liquidation et recouvrement

Section 1. Liquidation

Article 31. Tout redevable est tenu de souscrire, à la recette des impôts ou de l'Unité des Grandes Entreprises, dans les quinze jours du mois suivant la réalisation des opérations imposables une déclaration conforme au modèle souscrit par l'Administration.

La déclaration doit être souscrite en double exemplaire accompagnée du paiement de la TVA qui est ainsi reversée spontanément.

Article 32. Les redevables soumis au régime réel d'imposition sont tenus de déposer mensuellement leurs déclarations de recettes indiquant le montant total des opérations réalisées et les détails des opérations taxables.

Article 33. La Taxe sur la valeur ajoutée perçue à l'importation est liquidée et recouvrée comme en matière de droits de douane.

Pour autoriser la déduction de la Taxe sur la valeur ajoutée, doivent être fournies pour chaque opération :

- une déclaration en douane mentionnant le numéro d'identification fiscale (le NIU) ;
- une quittance délivrée par le service de dédouanement donnant le montant de la Taxe sur la valeur ajoutée acquittée.

Section 2. Recouvrement

Article 34. Le receveur des impôts et le receveur de l'UGE (Unité des Grandes Entreprises) sont responsables du recouvrement des impositions dont ils ont la charge.

Les présentes dispositions sont reprises à l'article 484 du Code général des impôts modifié par la Loi de Finances pour 1997.

Article 35. Un avis de mise en recouvrement des sommes non acquittées à la date d'exigibilité, valant ordre de recette ou de perception, est établi, signé et rendu exécutoire par le receveur et transmis au redevable avec accusé de réception.

A défaut de paiement dans un délai de huit (8) jours, le redevable est passible de poursuites selon le régime en vigueur.

Les dispositions des articles 34 et 35 de la Loi TVA sont complétées par les articles 480 et 484 du Code général des impôts, modifiés par la Loi de Finances pour 1997.

Article 480. Le trésorier-payeur ou le receveur principal des impôts ont seuls qualité d'engager des poursuites et décerner contrainte contre un contribuable retardataire.

Le receveur principal est assisté dans le recouvrement de la T.V.A., centimes additionnels et droits d'accises, ou de toute autre taxe qui en tiendrait lieu, par des agents de poursuites qui ont qualité d'engager des poursuites avec frais.

Article 484. Le comptable du Trésor, ou le comptable de la Direction générale des Impôts, qui veut agir contre un contribuable retardataire, doit d'abord le prévenir par un avis de mise en recouvrement. L'avis de mise en recouvrement est individuel ou collectif, il est signé et rendu exécutoire par le comptable du Trésor ou le receveur principal des impôts.

Il est adressé par lettre recommandée avec avis de réception. En matière de T.V.A., centimes additionnels et droits d'accises ou de toute autre taxe qui en tiendrait lieu, un avis de mise en recouvrement des sommes non acquittées à la date d'exigibilité, valant commandement de payer, est établi par le receveur des impôts, sur imprimé dont le modèle est fixé par l'Administration et adressé aux redevables. L'avis de mise en recouvrement est signé et rendu exécutoire par le receveur. En son absence, il peut être signé et rendu exécutoire par le receveur adjoint, en sa qualité de fondé de pouvoir.

L'accusé de réception affiché en retour de l'envoi d'une mise en demeure par télécopie vaut preuve de réception par application de l'article 399 bis du Code général des impôts. A défaut de paiement des sommes mentionnées sur l'avis de mise en recouvrement ou de réclamation assortie d'une demande de sursis de paiement avec constitution de garantie, le redevable qui ne régularise pas sa situation dans les huit jours est poursuivi selon les procédures en vigueur.

Article 36. Lorsque le montant de la taxe déductible au titre d'un mois est supérieur à celui de la taxe exigible, l'excédent constitue un crédit d'impôt imputable sur la taxe exigible le mois suivant. Le crédit d'impôt ne peut pas faire l'objet d'un remboursement au profit de l'assujetti.

Par exception, les assujettis réalisant des opérations d'exportation peuvent demander le remboursement de leur crédit de taxe dans la limite du montant de TVA calculée fictivement par application du taux en vigueur au montant des exportations réalisées au cours du mois.

Le crédit de TVA dont le remboursement a été demandé ne peut donner lieu à imputation dans la déclaration du mois suivant. Ce crédit est automatiquement annulé lorsque le remboursement a été rejeté par l'administration des impôts.

Chapitre VIII : Dispositions finales

Article 37. La présente loi abroge les dispositions concernant la TCA instituées par la Loi de Finances n° 15/94 du 14 juillet 1994, à l'exception des dispositions relatives aux centimes additionnels et droits d'accises.

Article 38. Les dispositions fiscales et douanières contenues dans le Code des hydrocarbures, dans les Conventions d'établissement et accords, y compris les contrats de partage de production, conclus entre les sociétés pétrolières et l'État antérieurement à la date de promulgation de la présente loi, restent en vigueur, sauf modification résultant d'accords entre l'État et les sociétés signataires.

Les modalités d'application de la présente loi au secteur pétrolier seront fixées par décret pris en conseil des ministres.

Article 39. La présente loi sera publiée au Journal officiel de la république du Congo et exécutée comme loi de l'État.

** ** **

Les articles suivants du Code général des impôts, issus de la Loi de Finances pour 1997 et relatifs aux règles de contrôle, procédures de recouvrement et sanctions, ont été modifiés et/ou augmentés en matière de « taxe sur le chiffre d'affaires, centimes additionnels et droits d'accises ou toute autre taxe qui en tiendrait lieu ». Ces articles s'appliquent donc automatiquement en matière de Taxe sur la valeur ajoutée.

L'article 26-1 du Code général des impôts, modifié par la Loi de Finances pour 1997 et relatif aux limites d'assujettissement, a été intégré à l'article 6 de la Loi TVA.

Pour des raisons pratiques, l'article 382 du Code général des impôts, relatif aux règles de prescriptions, et resté inchangé, est repris au chapitre XI.

Chapitre IX : Contrôle et procédures de recouvrement

Article 387. Les agents des impôts ont le pouvoir d'assurer le contrôle de l'assiette de l'ensemble des impôts ou taxes qu'ils vérifient.

Toutefois, les vérifications sur place des comptabilités ne peuvent être effectuées que par un agent ayant au moins le grade d'inspecteur dont la compétence s'étend, sur le territoire du Congo, à l'ensemble des impôts, taxes et droits dévolus à la seule administration fiscale.

Par application de l'alinéa précédent, quelles que soient les dispositions prises, d'autre part, seuls les agents de la Direction générale des Impôts ayant au moins le grade d'inspecteur peuvent effectuer lesdites vérifications et obtenir la communication des justifications nécessaires à la fixation des opérations imposables.

Article 387 bis. En matière de taxe sur le chiffre d'affaires, centimes additionnels et droits d'accises ou de toute autre taxe qui en tiendrait lieu, les inspecteurs sont habilités à constater et à redresser toutes les infractions relatives auxdits impôts, quelle que soit la nature des opérations concernées. Ils peuvent être assistés par des agents ayant le grade de contrôleur.

Article 387 quater nouveau. Pour rechercher les manquements aux règles de facturation auxquelles sont soumis les assujettis à la taxe sur le chiffre d'affaires, centimes additionnels et droits d'accises ou de toute autre taxe qui en tiendrait lieu, les agents des impôts ayant au moins le grade de contrôleur peuvent se faire présenter les factures, la comptabilité-matière ainsi que les livres, registres et documents professionnels pouvant se rapporter à des opérations ayant donné ou devant donner lieu à facturation et procéder à la constatation matérielle des éléments physiques de l'exploitation.

A cette fin, les agents des impôts peuvent accéder pendant les heures d'activité professionnelle de l'assujetti aux locaux à usage professionnel, ainsi qu'aux terrains et aux entrepôts. Ils peuvent se faire délivrer les copies des pièces se rapportant aux opérations devant donner lieu à facturation. Ils peuvent recueillir sur place ou sur convocation des renseignements ou justifications. Ces auditions donnent lieu à l'établissement de comptes rendus d'audition.

Dans les mêmes conditions, les agents des impôts sont autorisés aux vérifications matérielles des droits acquittés sur les produits susceptibles d'être soumis à la Taxe sur la valeur ajoutée.

Lors de la première intervention inopinée au titre du droit d'enquête, l'Administration remet un avis d'enquête comportant le visa de l'autorité hiérarchique de l'agent enquêteur. Lorsque la première intervention se déroule en l'absence de l'assujetti ou de son représentant, l'avis est remis à la personne recevant les agents enquêteurs.

A l'issue de l'enquête, les agents des impôts établissent un procès verbal consignant les manquements constatés ou l'absence de tels manquements, ainsi que la liste des documents dont une copie a été délivrée.

Le procès-verbal peut être utilisé dans le cadre de la procédure normale de vérification de comptabilité conforme aux dispositions des articles 387 et suivants du Code général des impôts.

Article 388. Si le vérificateur envisage des redressements à l'issue d'une vérification de comptabilité, les contribuables doivent en être informés par une notification, qui est interruptive de la prescription, des motifs et du montant des redressements envisagés. Les délais de réponse du contribuable et la procédure d'établissement des divers impôts sont ceux prévus par le droit commun.

Ces dispositions ne s'appliquent pas au cas de taxation ou de rectification d'office. En matière de taxe sur le chiffre d'affaires, centimes additionnels et droits d'accises ou de toute autre taxe qui en tiendrait lieu, le contrôle sur place est engagé par l'agent dûment mandaté. Lorsque le contrôle donne lieu à des redressements, une notification est adressée au contribuable qui dispose d'un délai de vingt jours pour faire parvenir son acceptation ou ses observations. Le contribuable fait connaître sa réponse soit expressément en faisant mention de son accord, soit tacitement en s'abstenant de répondre avant l'expiration du délai.

Lorsque le contrôle aboutit à la diminution ou à la suppression d'un crédit de taxe existant, les pénalités sont calculées sur la totalité du redressement.

Toute personne assujettie à la taxe sur le chiffre d'affaires ou à toute autre taxe qui en tiendrait lieu doit fournir aux agents des impôts, au lieu où est tenue la comptabilité, toutes justifications concernant les opérations imposables, sous peine de sanctions prévues à l'article 387 quater du Code général des impôts.

Chapitre X : Sanctions

Article 373. La non-production, ou la production après les délais, des déclarations, relevés ou documents prescrits par le présent code, à l'exception de la taxe sur le chiffre d'affaires, des centimes additionnels à cette taxe et du droit d'accises, est sanctionnée par une majoration de 50% des cotisations.

En matière de taxe sur le chiffre d'affaires, centimes additionnels et droits d'accises ou de toute autre taxe qui en tiendrait lieu, le dépôt tardif de la déclaration mensuelle est sanctionné par un intérêt de retard égal à 5% de la taxe due. Lorsque la déclaration tardive ne comporte aucun droit dû, la pénalité due indépendamment de toute sanction est de vingt-cinq mille francs CFA.

Tout dépôt de la déclaration mensuelle intervenant après les huit jours d'une mise en demeure est sanctionné par une pénalité de 10% par mois, tout mois entamé étant dû, sans dépasser 50 des droits éludés.

Article 374. En cas d'inexactitude, insuffisance ou omission dans les déclarations, relevés ou documents dont la production est obligatoire en application des dispositions du présent code, les cotisations afférentes aux droits éludés, à l'exception de la taxe sur le chiffre d'affaires, des centimes additionnels à cette taxe et du droit d'accises, sont majorées de 50% lorsque la bonne foi du contribuable est admise, et de 100% lorsque le contribuable n'établit pas sa bonne foi.

En matière de taxe sur le chiffre d'affaires, centimes additionnels et droits d'accises ou de toute autre taxe qui en tiendrait lieu, toute omission ou insuffisance constatée dans la déclaration mensuelle est sanctionnée par une pénalité de 2% par mois de retard avec un minimum de 10% et un plafond de 50% des droits éludés ou des redressements effectués, sous réserve de la bonne foi de l'entreprise.

Cette pénalité peut être portée à 200% si la mauvaise foi est établie, ou en cas de manœuvres frauduleuses ou d'opposition à un contrôle fiscal.

Est considéré comme étant de mauvaise foi le contribuable qui, sciemment, a omis de passer des écritures comptables ou qui a passé ou fait passer des écritures inexactes ou fictives dans les livres, registres et documents professionnels se rapportant à des opérations soumises à la Taxe sur la valeur ajoutée.

Il en est de même de celui qui produit des pièces fausses ou reconnues inexactes, mais ayant donné lieu à facturation ou à déduction de la taxe sur le chiffre d'affaires ou de toute autre taxe qui en tiendrait lieu.

La mauvaise foi peut être établie chaque fois que le service est en mesure de prouver que l'intéressé a nécessairement eu connaissance des faits ou des situations qui motivent les redressements. Il en est de même en cas de répétition du défaut de déclaration ou de paiement malgré les mises en demeure.

Les ventes sans factures par un redevable de la TVA sont passibles d'une amende fiscale égale au double des droits compromis. En cas de récidive, l'amende encourue sera égale au quadruple des droits.

Toute demande de déduction de la taxe portée sur une facture ne correspondant pas, en partie ou en totalité, à une acquisition de biens ou à une prestation de services, est sanctionnée par une pénalité de 200% des droits éludés.

Sans préjudice des poursuites pénales pouvant être engagées à son encontre, tout contribuable qui émet une facture telle que visée ci-dessus est responsable du paiement d'une amende égale à la taxe ainsi facturée et, solidairement, du paiement de la pénalité de 200%.

Lorsque le dirigeant d'une société, d'une personne morale, ou de tout autre groupement est responsable de manœuvres frauduleuses ou de l'inobservation des obligations déclaratives pendant plus de deux mois, qui ont rendu impossible le recouvrement de la taxe due par la société, la personne morale ou le groupement, celui-ci peut être déclaré solidairement responsable du paiement de ces impositions. Cette disposition est applicable à toute personne exerçant en droit ou en fait la direction effective de la société.

Article 378. Le défaut de déclaration d'existence prévue par les articles 15 bis, 46, 125 et 197 nouveau du présent code est sanctionné par une amende fiscale de 200.000 FCFA établie au nom de l'exploitant ou du représentant légal de la société, établissement ou association.

En matière de taxe sur le chiffre d'affaires, centimes additionnels et droits d'accises ou de toute autre taxe qui en tiendrait lieu, les redevables doivent effectuer auprès de la Direction générale des Impôts et des Domaines une déclaration d'existence ou de modification dans l'exercice de leur profession. En contrepartie de la déclaration d'existence, la Direction générale des Impôts et des Domaines délivre un certificat d'enregistrement ouvrant droit à l'assujettissement à la taxe sur le chiffre d'affaires, centimes additionnels et droits d'accises ou de toute autre taxe qui en tiendrait lieu, et attribue au redevable un numéro d'identification unique, en abrégé NIU.

Un redevable ne peut se prévaloir de la qualité d'assujetti à la taxe sur le chiffre d'affaires, centimes additionnels et droits d'accises ou de toute autre taxe qui en tiendrait lieu qu'après enregistrement et attribution d'un NIF.

Le dépôt tardif ou le défaut de déclaration d'existence est sanctionné par la perte du droit à déduction pendant la période de non-déclaration et par une amende de deux cent mille francs CFA.

La non-déclaration ou la déclaration tardive des modifications dans les conditions d'exercice de la profession est passible d'une pénalité de cent mille francs CFA par mois de retard.

Article 381 quater nouveau. Les infractions en matière de taxe sur le chiffre d'affaires ou de toute autre taxe qui en tiendrait lieu et concernant les biens importés sont constatées, poursuivies et réprimées selon la réglementation des douanes.

Article 460. Une majoration de 10% sera appliquée au montant des cotisations ou fractions de cotisations qui n'auraient pas été payées au dernier jour du deuxième mois qui suit celui de la mise en recouvrement du rôle.

En matière de taxe sur le chiffre d'affaires, centimes additionnels et droits d'accises ou de toute autre taxe qui en tiendrait lieu, le paiement tardif de la déclaration mensuelle est sanctionné par un intérêt de retard égal à 5% de la taxe dont le paiement a été retardé.

Article 486 bis. En matière de taxe sur le chiffre d'affaires, centimes additionnels et droits d'accises ou de toute autre taxe qui en tiendrait lieu, le non-respect des obligations de déclaration, de facturation ou de paiement spontané de la Taxe sur la valeur ajoutée est passible, après mise en demeure et avis de mise en recouvrement valant commandement de payer, de :

- saisie ;
- vente ;
- publication dans un journal ou quotidien national des noms des reliquataires ;
- exclusion temporaire des marchés publics ;
- fermeture partielle ou totale de l'entreprise. Pendant l'exécution de la fermeture administrative, la Direction générale des Impôts est autorisée à apposer sur la devanture du local fermé un avis mentionnant : « Fermé pour cause de non-paiement d'impôts ». Toute fermeture d'une durée supérieure à quinze jours devra faire l'objet d'une autorisation de l'autorité judiciaire ;
- suspension de délivrance des licences d'importation.

En cas de récidive, outre l'exclusion définitive des marchés publics, la contrainte par corps et une peine de cinq à quinze jours d'emprisonnement peuvent être prononcées par l'autorité judiciaire.

Article 503. A défaut de paiement des contributions, soit par les dépositaires ou débiteurs indiqués aux articles 472 et 473, soit par tous autres débiteurs de deniers provenant d'un redevable, le détenteur du rôle poursuivant fait entre les mains desdits dépositaires et débiteurs une saisie-arrêt, ou opposition, par le ministère du Porteur de contraintes.

La saisie-arrêt ne doit être employée que dans le cas où les deniers ne sont pas affectés au privilège du Trésor. Dans les cas contraires, il y a lieu de procéder par voie de sommation directe aux tiers détenteurs.

Les dépositaires, détenteurs ou débiteurs de sommes appartenant, ou devant revenir aux redevables de l'impôt sont tenus, sur l'injonction qui leur est faite sous forme d'avis à tiers détenteur notifié par le comptable de la TVA, de verser en lieu et place des redevables les fonds qu'ils détiennent ou qu'ils doivent, à concurrence des impositions dues par les redevables.

Article 516. Tout contribuable passible d'impôt sur le chiffre d'affaires et des taxes suivant le même régime fiscal qui n'a pas déposé les déclarations et relevés prévus aux articles 202-4, 208 et 210-1 du présent code, ou qui n'a pas observé les délais qui y sont prescrits, peut être taxé d'office, et sa cotisation majorée d'une pénalité égale à 50%.

En matière de taxe sur le chiffre d'affaires, centimes additionnels et droits d'accises ou de toute autre taxe qui en tiendrait lieu, sont taxés d'office :

- les assujettis qui n'ont pas déposé dans le délai légal les déclarations mensuelles qu'ils sont tenus de souscrire ;
- les assujettis qui n'ont pas répondu dans les huit jours à une mise en demeure de déclarer ;
- les contribuables qui se sont abstenus de répondre aux demandes d'éclaircissement ou justification de l'Administration ;
- les redevables de plein droit n'ayant pas déposé de déclaration d'existence.

Cette taxation est assortie d'une pénalité de 25% qui ne peut être inférieure à 1% du chiffre d'affaires réalisé pendant la période.

Chapitre XI : Prescription

Nota : Seules les dispositions de l'article 382 du Code général des impôts relatives à la prescription en matière de taxe sur le chiffre d'affaires sont reprises ici.

Article. 382

1°Les omissions partielles ou totales constatées dans l'assiette des impôts visés au livre I, au chapitre premier du livre II, de la première partie, à la section VIII du chapitre I du titre I, et aux titres II et III de la deuxième partie du (présent) code, ainsi que les erreurs commises dans l'application des tarifs peuvent être réparées jusqu'à l'expiration de la quatrième année suivant celle au titre de laquelle l'imposition est due.

2°Toute erreur commise soit sur la nature de l'impôt applicable, soit sur le lieu de l'imposition concernant l'une des taxes et impôts ci-dessus visés peut, sans préjudice du délai fixé à l'alinéa précédent, être réparée jusqu'à l'expiration de l'année suivant celle de la décision qui a prononcé la décharge de l'imposition initiale.

3° Toute omission ou insuffisance d'imposition révélée par une instance devant les tribunaux répressifs ou par une réclamation contentieuse peut, sans préjudice du délai général de répétition fixé au paragraphe 1° ci-dessus, être réparée jusqu'à l'expiration de l'année suivant celle de la décision qui a clos cette instance ou solutionné cette réclamation.

4°Concerne l'impôt sur le revenu.

5°Les impositions établies en vertu du présent article portent, s'il y a lieu, les majorations de droits ou droits en sus prévus par les dispositions relatives à l'impôt qu'elles concernent.

L'APPLICATION DE LA TVA AUX EXPORTATIONS

Les dispositions qui traitent de l'application de la TVA sur les exportations se retrouvent essentiellement dans :

- le Code général des impôts ;
- la loi 12/97 du 12 mai 1997 ;
- et de la Directive 99/CEMAC – 29 CM – 03 des 1712/1979 portant harmonisation des législations des États-membres en matière de Taxe sur la valeur ajoutée (TVA) et du droit d'accises (DA) ;

Toutefois, la loi, la convention et l'arrêté suivants nous permettront de réaliser notre étude. Il s'agit de :

- Loi n° 16-2000 du 20/11/2000 portant code forestier (créant la SCPFE). Arrêté n° 461 du 19 février 2003 portant institution du programme de contrôle des produits forestiers à l'exportation ;
- La convention signée entre le gouvernement de la république du Congo et la Société générale de Surveillance du Congo SA (SGS Congo SA).

Nous constatons que dans la loi 12/97 du 12 mai 1997 aucune disposition du Code général des impôts n'est citée, bien que cette loi soit une partie intégrante du Code général des impôts ; d'où l'image :

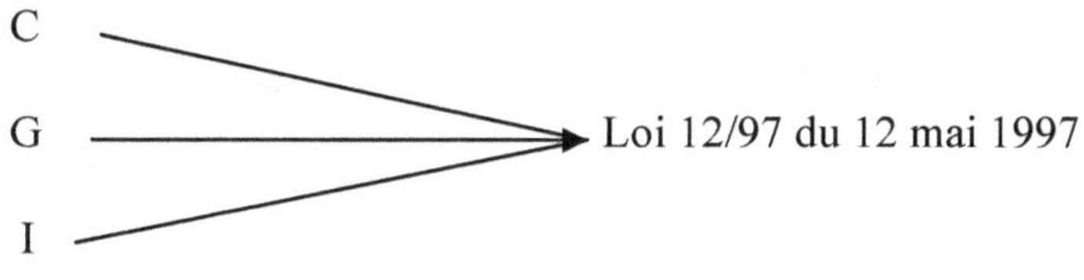

Cela veut tout simplement dire que le code cite les différentes dispositions de la loi 12/97 du 12 mai 1997. Mais la loi ne prend pas en référence certaines dispositions du Code général des impôts pour illustration.

Comme fondement au système de fiscalité indirecte interne et indépendamment des difficultés d'administration, tout système de fiscalité interne devrait être fondé sur une Taxe sur la valeur ajoutée à un champ d'application aussi vaste que possible : la TVA est l'impôt qui permet le mieux de minimiser les distorsions économiques tout en étant susceptible de mobiliser des ressources substantielles et stables.

Ainsi, la TVA n'implique aucune charge fiscale sur les exportations qui sont assujetties au taux de 0% : les exportations peuvent imputer la TVA, supportée en amont, ou en demander le remboursement.

En général, les exportations ne sont pas exonérées de TVA, mais ces opérations sont assujetties au taux de 0%.

L'article 17 de la loi 12/97 du 12 mai 1997 portant institution de la TVA dispose en effet que : « Les taux de la Taxe sur la valeur ajoutée sont les suivants :

- Taux normal : 18% applicable à toutes les opérations taxables, à l'exclusion de celles visées ci-dessous ;
- Taux réduit : 8% applicable aux biens visés à l'article 5 de la même loi ;
- Taux zéro, applicable aux exportations et à leurs accessoires, aux transports internationaux et à la filière eucalyptus. »

Le taux zéro s'applique uniquement aux exportations ayant fait l'objet de déclaration visée par les services des douanes.

La convention signée le 06 juin 2002 entre le gouvernement de la république du Congo représenté par le ministre en charge de l'Économie forestière, B.P. 98 – Brazzaville, d'une part, et la SGS Congo SA, une société anonyme incorporée et régie selon le droit suisse, d'autre part, est mentionnée en préambule de la loi n° 16-

2000 du 20 novembre 2000 portant code forestier, créant le Service de contrôle des produits forestiers à l'exportation (SCPFE), afin que ce dernier soit assisté par un service indépendant dans la gestion des produits forestiers et que sa mise en place soit effective.

La SGS a été choisi dans le but de fournir des prestations relatives :

- Fournir une assistance selon le processus de développement-opération-transfert (DOT) ;
- Initier le service SCPFE dans le développement, la gestion, la conduite et le bon fonctionnement des opérations – former un personnel qualifié et compétent pour les opérations et la supervision du service ;
- Accompagner ensuite le transfert du service (SCPFE) au personnel qualifié ;
- Enfin, accompagner le transfert total du service d'une manière définitive avec plein pouvoir d'apprécier toutes les opérations en vue de les certifier pour les besoins de performances, et de préparer son autonomie.

Il a été conclu à travers cette convention, en son article 5, « obligations des gouvernements », en général, et sur les dispositions 5.5, fiscalité, en particulier, ce qui suit :

« Compte tenu notamment de la nature du projet (DOT) et du fait qu'une partie significative des opérations est réalisée en dehors du Congo et qu'une partie significative aussi des coûts est générée en dehors du Congo également, la rémunération prévue à l'article 6 ainsi que tous les biens et activités consacrés à l'exécution des prestations seront exonérés de tous impôts, droits et taxes.

Les paiements effectués par SGS à ses sociétés affiliées, sous-traitants et tous autres auxiliaires, y compris les primes spéciales versées au personnel détaché de l'administration et rémunéré par celle-ci, bénéficieront de la même exonération. L'État s'engage à fournir une confirmation écrite de ce qui précède par le biais des autorités compétentes.

Le personnel salarié de SGS, national et expatrié, demeurera néanmoins assujetti au régime social et fiscal de droit commun. L'accord financier annexé à la présente convention est basé sur l'hypothèse d'une exonération totale. Tout impôt, droit, ou taxe dont le projet ne serait pas exonéré serait facturé en sus, et le budget révisé complété pour prendre en compte cet ajustement. »

Section 1. Le dispositif existant (rappel de la loi et textes réglementaires)

A- La TVA, conditions d'application du taux zéro

Les exportations et les échanges avec les autres pays de la CEMAC sont soumis au taux zéro. Cependant, pour faire face aux exportations fictives, l'instruction n° 0106/CF/MINEFI/DI/DD du 31 juillet 1996 proscrit les ventes hors TCA/TVA réalisées par les unités de production à des intermédiaires chargés d'effectuer les opérations d'exportation, la TVA y relative devra donc être retenue par les fournisseurs afin de sécuriser les recettes de l'État.

En l'absence d'une chambre de compensation au niveau des institutions communautaires (CEMAC), le remboursement de la TVA facturée par les fournisseurs prendra la forme d'une facture d'avoirs, auprès de ces derniers, à régulariser sur présentation de justificatifs des exportations effectives, notamment :

- les bons de commande des fournisseurs étrangers ;
- les factures des clients ;
- la domiciliation d'exportation « formule 1 » ;
- les certificats de circulation UDEAC/CEMAC dûment apurés par les services de douane des pays de destination ;
- les documents bancaires matérialisant les flux financiers (relevés, bordereaux de chèques à l'encaissement...)

A défaut de justificatifs, cette TVA sera reversée à la recette des impôts territorialement compétente.

1- Exonération de TVA dans les formations sanitaires

De manière générale, les prestations fournies par les formations sanitaires dans le cadre des soins de santé (examens, consultations, soins, hospitalisations, travaux d'analyse et de biologie médicale, fourniture de prothèses par les formations sanitaires et produits pharmaceutiques...) sont exonérées de TVA conformément à la loi.

En revanche, l'acquisition des biens et des services autres que ceux expressément exonérés, en vertu d'une disposition légale par les hôpitaux, constitue une opération rentrant dans le champ d'application de la TVA.

2- TVA applicable aux entreprises agréées au régime de zone franche etdepoint franc industriel

L'article 3 à 19 de la loi des finances (exercice 1999/2000) du Cameroun a assujetti à la TVA les opérations réalisées avec ou par les entreprises agréées au régime de zone franche ou de point franc industriel.

Sur le plan pratique, ces entreprises subissent la TVA sur leurs opérations imposables, et appliquent le taux zéro sur leurs exportations. Les crédits subséquents sont remboursés dans les conditions en vigueur.

Le dispositif suivant est mis en place pour le remboursement de leurs crédits sans préjudice des améliorations qui seront apportées dans cette matière, s'agissant des entreprises citoyennes :

- paiement d'un acompte de 75% à la déclaration régulièrement déposée ;
- régularisation après contrôle.

Depuis la Loi de Finances pour l'exercice 2000/2001, les achats réalisés par les entreprises relevant du régime de la zone franche industrielle sont soumis à la taxation au taux zéro. Cette taxation au taux zéro ne concerne que les biens et services entrant dans le processus de fabrication des objets pour lesquels l'agrément a été accordé.

Tel n'est pas le cas pour les achats destinés soit à la consommation locale, soit à des fins autres que la production. Ils devront être taxés au taux de droit commun de 18,7%.

3- Régime fiscal de la TVA des opérations de transport inter-États en zone CEMAC

Afin de fixer les opérateurs du secteur des transports et leurs partenaires quant à leurs obligations respectives, il convient de préciser que, en matière de transport inter-États, CEMAC, « les opérations sont réputées faites au Cameroun si le transporteur y est domicilié ou y a fixé un siège social, même lorsque le principal de l'opération s'effectue dans un autre État-membre » conformément à l'article 5, alinéa 3, de la loi sur la TVA.

Par conséquent, la TVA est due, du fait de leur domiciliation ou de la fixation de leur siège au Cameroun. C'est dans ce pays qu'ils pourront être admis à déduire la TVA ayant grevé leurs opérations.

4- Régime fiscal de la TVA sur les réparations de véhicules effectuées par une société camerounaise

Les réparations effectuées par une société camerounaise sur les véhicules étrangers sont exonérées de TVA conformément à l'article 5 : 1°b de la Loi de Finances 1998/1999, car les services sont rendus au Cameroun, mais non utilisés ou exploités sur le territoire camerounais. Par ailleurs, l'article 158 du Code des douanes exonère de tous impôts, droit et taxes, y compris les droits de porte, le transit à l'intérieur de la communauté, dès lors que les biens et marchandises sont accompagnés d'un acquit à caution.

5- Régime fiscal de l'indemnité compensatrice des services publics en matière de TVA

L'État du Cameroun est assujetti à la TVA au même titre que les autres agents économiques. Les charges qu'il supporte doivent donc être évaluées, toutes taxes comprises, tant en ce qui concerne les marchés publics qu'en ce qui concerne ses autres interventions économiques. Dès lors, l'indemnité compensatrice requise de l'État en contrepartie des obligations non commerciales qui représente le caractère d'un complément de prix destiné à couvrir une insuffisance des recettes est taxable, elle est imposable à la TVA en application des articles 11 à 17 du texte sur la TVA qui dispose en termes clairs que la base d'imposition d'une prestation de service à la TVA est constituée par l'intermédiaire des sommes, valeurs, biens ou services reçus, ou à recevoir par les prestataires en contrepartie de la prestation. Elle devra donc être évaluée, toutes taxes comprises, afin que la législation fiscale trouve la plénitude de son application dans ces opérations.

6- Régime fiscal de TVA du transport en transit inter-États

A la différence du transport inter-États, CEMAC, par transport en transit, il faut entendre tout transport de biens en provenance ou à destination des pays de la CEMAC, transitant par un État-membre, à destination ou en provenance d'un État tiers, selon les articles 158 et suivant du Code des douanes.

Ainsi, dans l'opération de transit, il importe qu'un État de la CEMAC soit État de destination ou de provenance du bien transporté, l'État camerounais n'étant qu'un État de transit.

L'article 4, alinéa 3, de la loi relative à la TVA dispose que les opérations de transit inter-États et les services y afférents, notamment le transport, sont exonérés de TVA.

En conséquence, les opérations y relatives, exonérées de TVA conformément à la loi, ne peuvent ouvrir droit à déduction, ni à l'application du taux zéro.

7- Régime fiscal des marchés du programme BAD/Cameroun conclus hors taxes

Les marchés publics, sur financement extérieur ou local, doivent être conclus, toutes taxes comprises, conformément au décret n° 95/024/PM du 16 janvier 1995 fixant les modalités d'application du régime fiscal des marchés publics.

Toutefois, en application des marchés BAD/Cameroun expressément stipulés hors taxes avec la partie camerounaise, il est accordé à titre exceptionnel une exonération de TVA et de TSPP selon la note n° 057/CF/MINEFI/DI/ du 20 juillet 1999 du ministre d'État chargé de l'Économie et des Finances.

Il en est de même de tout autre marché conclu dans les mêmes conditions d'exonération avec l'État. Les exonérations ainsi accordées s'appliquent aux adjudicataires de ces marchés et à leurs sous-traitants au premier degré, qui respectent leurs obligations fiscales (immatriculations – déclaration – paiement des impôts).

8- Des textes réglementaires

Selon les différents programmes sur lesquels le pays s'engage et pour lesquels les différents responsables interprètent et transigent tour à tour les décrets, les arrêtés et les circulaires, les textes réglementaires orientent les exportations et leurs accessoires liés à la TVA.

La circulaire n° 007/PN-MEFPP/MDBCR/DGI du 03 juillet 1997, relative à l'imposition à la TVA des opérations à l'exportation et aux transports internationaux, précise que, par application des règles de territorialité, les opérations suivantes se rapportant à l'exportation et aux transports internationaux supportent la TVA au taux zéro (article 17 de la loi 12/97 du 12 mai 1997).

Exception faite aux opérations suscitées par les bateaux industriels, aux bateaux de transport ou de plaisance ou autres bateaux utilisés dans les eaux territoriales congolaises maritimes ou fluviales, imposés à la TVA au taux normal, ces opérations supportent également la TVA au taux zéro :

- L'avitaillement des marines et aéronefs à destination de l'étranger ;
- Les ventes, réparations, transformations et entretiens des aéronefs des compagnies aériennes pour le transport international ;
- Les marchandises en régime suspensif sous réserve de leur réexportation, ainsi que les activités accessoires (chargement et déchargement des navires et aéronefs, manutentions accessoires des marchandises) ; la location des moyens de transport, contenants et matériels de protection ;
- Le gardiennage, emballage et magasinage des marchandises, les opérations effectuées par les commissionnaires agréés en douanes) ;
- Les travaux à façon portant sur les produits exportés.

Précision donnée par le directeur général des impôts par lettre n° 44/MEFPP/MDCBR/DGI du 27 août 1997 à monsieur le président d'UNICONGO.

Le décret n° 99-186 du 29 octobre 1999 fixant les modalités d'application de la Taxe sur la valeur ajoutée au secteur pétrolier précise également les opérations taxables au taux zéro et celles qui sont soumises à la Taxe sur la valeur ajoutée énoncée à l'article 3 du même décret.

Les articles 4 et 5 du même décret résolvent les problèmes de remboursement. Le délai de 30 jours calendaires, après dépôt de demande de remboursement, est une précision importante tout au moins pour ce secteur.

Enfin, l'arrêté n° 461 du 19 février 2003 portant institution du programme de contrôle des produits forestiers à l'exportation apporte pour ce secteur une innovation qui s'articule autour de :

1- Toute exportation devant être déclarée auprès des UGE avec les justifications douanières en vue d'un éventuel remboursement, pour les opérations qui sont destinées réputées remboursables ;

2- Les exportations qui constituent des opérations taxables à la TVA au taux normal se conformant aux dispositions de la loi 12/97 du 12 mai 197, et la TVA prélevée étant authentiquement reversée dans les caisses des UGE.

L'arrêté 461 du 19 février 2003 obtient la différence des autres textes avec l'institution du programme de contrôle des produits forestiers à l'exportation, contrôle assuré actuellement par la SGS Congo SA.

Cette opération de contrôle constitue actuellement un produit accessoire à l'exportation. Ainsi, les justificatifs de la douane ne suffisent plus pour bénéficier d'un remboursement, il convient donc de valider davantage le contrôle des produits pour lesquels il convient de préciser si ce contrôle est une opération accessoire à l'exportation soumise à la TVA au taux normal.

L'opération de contrôle accessoire à l'exportation met en exergue la livraison à soi-même, d'une part, et les opérations effectuées par des tiers pour le compte de l'exportateur, d'autre part.

La note de service 0593/MFEB/DGI/DLC du 10/09/98 a pour objet : la procédure de remboursement des crédits de TVA ; dont les procédures ci-dessous concernent les contribuables.

Tout contribuable exportateur qui a enregistré des crédits de TVA peut en demander le remboursement.

Le contribuable qui sollicite le remboursement d'un crédit de TVA adresse une demande à l'Unité des Grandes Entreprises (UGE) dont il dépend. La demande doit être accompagnée de toutes les pièces justificatives, notamment :

- les originaux des factures des fournisseurs comportant les mentions prévues à l'article 29 de la loi 12/97 du 12 mai 1997 ;
- les références (n° de chèque, reçu de caisse, etc.) du paiement de la facture pour les prestations de services ;
- le montant des exportations et les pièces justificatives les concernant, à savoir les factures, les documents douaniers et les autorisations d'embarquement de la marine marchande.

La demande doit également indiquer le montant du crédit demandé en remboursement et le relevé d'identité bancaire du requérant.

A partir de l'ensemble d'éléments présentés, l'administration fiscale, dans un délai de(10) jours, devra aviser pour un rejet ou un éventuel remboursement dont elle engagera la procédure.

Après donc les contrôles (SGS & DGID), le service fiscal établit une fiche de prise en charge du remboursement qui indique les crédits d'impôts pour lesquels le remboursement est monté.

L'avis de remboursement permet de mettre en œuvre la procédure de remboursement après les contrôles nécessaires, notamment celui du comptable, le receveur de l'UGE qui doit s'assurer que le bénéficiaire du remboursement n'est pas par ailleurs débiteur de la TVA.

Édité par la division informatique après saisie de la fiche de prise en charge, l'avis de remboursement, signé par le receveur, le directeur des grandes entreprises et le directeur général, est renvoyé à l'Unité des Grandes Entreprises, service émetteur, pour exécution.

C'est à ce moment que le receveur de l'UGE remplit le bon de virement au vu de l'avis de remboursement et des signatures qui y figurent. Il peut alors remplir la dernière partie de l'avis en y mentionnant la date de remboursement et les références (numéro, montant...) du bon de virement.

Ce bon de virement en tant que titre de paiement sera libellé à l'ordre de la banque du contribuable qui a demandé le remboursement ; ce bon doit comporter impérativement les mentions :

- Nom du bénéficiaire ;
- Son numéro de compte bancaire.

Car c'est à la banque qu'est destiné le bon de virement qui le transmet à la Banque des États de l'Afrique centrale (B.E.A.C.).

Section 2. Le champ d'application (entreprises) et les problèmes ou difficultés rencontrées

Les exportations constituent les opérations d'échange des biens et produits d'un pays vers un autre.

En matière commerciale, elles sont très importantes dans la détermination de la balance commerciale d'un pays. Il est bien important de les apprécier correctement ainsi que les activités rattachées, appelées : accessoire aux exportations.

A- Champ d'application

Le champ d'application de la TVA congolaise sur exportation se caractérise par son identification.

Tableau 7 : Nombre d'exportateurs par année et par ville

Années / Nombre d'exportateurs	2003	2004	2005	2006
UGE, Brazzaville	22	24	25	11
UGE, Pointe-Noire	47	57	54	42
Total	68	81	79	53

Sources : État, déclarations avec exportations des années 2003, 2004, 2005 et 2006, par année et par ville (UGE, BZV et PNR).

Tableau 8 : Évaluation chiffrée d'exportations par année et par ville (UGE, BZV et PNR)

Années / Valeurs /villes	2003	2004	2005	2006
UGE, B/ville	57.138.189.727	77.053.353.387	78.871.701.650	35.868.012.351
UGE, Pointe-Noire	568.616.745.177	614.312.454.835	888.237.767.234	694.865.651.984

Sources : État, déclarations avec exportations des années 2003, 2004, 2005 et 2006
(UGE, BZV et PNR)

B- Les difficultés rencontrées

Les exportations ne sont pas exonérées de Taxe sur la valeur ajoutée (TVA), mais taxables au taux de 0%.

Cependant, les opérations accessoires aux exportations ne sont pas toutes taxables au taux de 0%.

Quel est donc le régime de la TVA applicable à :

- l'exportateur ou la société exportatrice qui assure le transport de ses produits destinés à l'exportation ?
- la société ou l'exportateur qui fait transporter par une société tierce ses produits à l'exportation ?
- la société qui assure le transport de ses produits qui est une opération considérée comme une livraison à soi-même (LSM) soumise à la TVA ?

En réalité, comment peut-on apprécier une opération dont la principale est taxable à 0% et l'accessoire au taux normal de 18% ?

L'administration fiscale évalue-t-elle l'étendue du permis d'exploitation forestière et le produit réel exporté ?

Si différence il y a, quelles sont les dispositions de l'État pour faire agir la loi sur cette différence, celle-ci étant la production réelle et l'ensemble des exportations au cours d'une année ?

Pour les entreprises forestières, cette différence est justifiée par la construction des structures sociales des campements des travailleurs. Ces structures répondent-elles aux besoins estimés par l'État ?

Les difficultés relevant des voies de communication comme le Chemin de fer Congo-océan (CFCO), pour le transport quotidien des marchandises, ont favorisé les entreprises forestières de la zone nord à assurer le transport par des sociétés étrangères dont le personnel est quasi étranger également.

Peut-on donc parler d'une assistance technique des sociétés forestières ? Les remboursements des crédits de la TVA des entreprises exportatrices se font-ils automatiquement ? Si ce n'est pas le cas, les exportateurs considèrent cela comme étant un abus pour l'État de ne pas vouloir respecter les procédures mises en place par lui-même.

La Société générale de Surveillance (SGS) du Congo et le Service de contrôle des produits forestiers (SCPFE) assurent le contrôle des exportations, donc apportent et apporteront bientôt des réformes dans l'exploitation du bois, dont la première réforme est le fait que les justificatifs douaniers ne suffisent plus à l'administration fiscale pour autoriser un remboursement de crédit de la TVA.

Le contrôle effectué par le SCPFE est la toute dernière des conditions, à côté des déclarations douanières qui justifiaient le remboursement des crédits de la TVA. Ce contrôle est-il une opération accessoire taxable au taux de 0%, au taux normal de 18%, ou totalement exonérée de la TVA ?

Les entreprises ou sociétés forestières du nord présentent des difficultés relevant de l'insuffisance de l'énergie pour leur fonctionnement. D'où l'usage de groupes électrogènes qui nécessitent, d'une part, la consommation du carburant. Ce carburant leur est livré en quantité insuffisante : 3 millions de litres par an, alors que cela est leur consommation mensuelle. D'autre part, le carburant demeure taxable, et le transport de ce carburant également taxable au taux normal pour une exportation taxable au taux de 0%.

Dans certains cas, les législations douanières et fiscales de la CEMAC n'harmonisent pas encore leurs pratiques, conformément aux recommandations de la Communauté économique et monétaire de l'Afrique centrale.

Un jugement rendu par la Cour de la CEMAC à Ndjamena a des difficultés d'application au Congo. D'où, les réclamations introduites par les sociétés exportatrices ne sont ni rejetées ni répondues.

Aussi, en dehors des exportations contrôlées par BIVAC Congo, SGS Congo et SDV Congo, les exportations des sociétés forestières du nord-Congo dépendent du quitus du port d'embarquement (Douala). C'est pourquoi, ne sont pas déclarées exportées les grumes en provenance du Congo qui entrent dans le territoire camerounais, mais le bois congolais embarqué au port de Douala.

Pour évaluer ces exportations, il convient donc d'effectuer une mission d'expertise au port de Douala, au mieux, faire un audit opérationnel sur le transport du bois congolais à l'embarquement.

Dans le cadre de nos suggestions, nous souhaitons que la TVA retenue par la Direction générale du Fonds routier, reversée à l'UGE par le biais de la Banque centrale, soit également notifiée aux opérateurs économiques qui émargent à la Direction générale du Fonds routier pour des besoins de déclaration et de déduction.

Le droit fiscal comparé en matière de taxation des exportations à la TVA

Les exportations sont à la base des échanges entre États d'une communauté et des organisations de commerce.

En matière de Taxe sur la valeur ajoutée (TVA), les exportations bénéficient d'une taxation particulière dans chaque État, chaque communauté, chaque organisation commerciale grâce à leur législation fiscale ou souveraineté fiscale.

Il sied de faire une étude comparée du droit fiscal dans la CEMAC, la France et la CEDEAO, pour évaluer les divergences et les ressemblances.

Section 1. Dispositions de la CEMAC, de la CEDEAO et de la France

A- Dans la CEMAC

La Communauté économique et monétaire de l'Afrique centrale (CEMAC) est constituée de pays comme le Tchad, la RCA, le Cameroun, le Congo, le Gabon. La Guinée-Équatoriale et Sao-Tomé et Principe.

Créée à Ndjamena le 16 mars 1996 des cendres de l'UDEAC, la CEMAC est un instrument d'intégration sous-régionale dont le siège se trouve à Bangui. Elle est comptée parmi les multiples groupements économiques régionaux d'Afrique.

Le processus de Brazzaville est à la base du lancement des négociations mettant en présence l'Union européenne et les pays-membres de la zone CEMAC (Communauté économique et monétaire de l'Afrique centrale).

Il s'agit des négociations commerciales préalablement définies dans l'accord de Cotonou. Dans le cadre des APE (accords de partenariat économique) tenus le 04 octobre 2003 à Brazzaville, ces négociations ont pour objectifs :

- de faire du processus de Brazzaville un instrument de développement durable et un tournant, créer la position de ces pays au niveau de l'économie mondiale.

Un objectif : le développement ; un outil : le commerce ; une méthode : l'intégration régionale ; un horizon : 2008 pour transformer l'Afrique centrale en un « pôle d'attraction économique qui attirera les investissements et mobilisera les initiatives privées. Ce sera un centre d'activités économiques dynamiques et compétitives, qui sera le garant d'une croissance soutenue plus durable ».

Nonobstant les difficultés de l'échec de la conférence ministérielle de l'OMC (Organisation mondiale du Commerce) tenue à Cancun, au Mexique, il faut tenir en compte les forces et les faiblesses des parties en présence.

Ces négociations exigent une réelle implication des pays concernés. Le processus de Brazzaville devrait être soutenu par :

- l'établissement des marchés des pays concernés qui constituerait une ouverture sur le développement ;

- l'établissement d'un environnement socio-économique stable et propice à l'initiative économique et à l'épanouissement des opérateurs économiques ;
- l'anéantissement de toutes formes d'entraves sur les échanges entre l'Union européenne et les pays ACP concernés, afin de faciliter leur intégration dans l'économie mondiale.

Une telle démarche nécessite l'instauration d'une bonne gouvernance, avec ce que cela pourrait sous-entendre comme point de départ de la stabilité recherchée, et du recul de la pauvreté et du sous-développement.

En effet, les doctrines capitalistes influencées sur le plan idéologique par les doctrines socialistes ont donné à l'État de nouvelles missions que Loïc Philippe a résumé en ceci : « L'État doit décider moins, il doit décider mieux et décider vite ».

C'est le rôle essentiel de l'État dans les pays capitalistes, celui de régulateur, de surveillant des règles de jeu économique : on parle alors de l'État interventionniste.

Ainsi, il faut rendre à l'État son rôle essentiel de régulateur et aider la société à trouver par elle-même son rôle d'équilibre. En contrepartie, il revient à la puissance publique d'assurer la surveillance des règles de jeu économique. Mais, avec la mondialisation de l'économie et le regroupement des journaux, le rôle de régulation de l'État va devoir s'exercer de plus en plus au niveau communautaire, voire même mondial, et non plus au simple niveau étatique.

Vu de la sorte, l'interventionnisme communautaire ou public peut être centralisé, déconcentré ou décentralisé.

L'observation de la pratique interventionniste dans les pays européens montre que seules les autorités communautaires et les gouvernements, et non pas les parlements, sont les véritables détenteurs du pouvoir fiscal (trois types d'interventionnismes pour résoudre les problèmes structurels et conventionnels).

A ce niveau communautaire, chaque État de la communauté perd une partie de sa souveraineté fiscale. Or, la théorie microéconomique montre que les prélèvements obligatoires génèrent toujours des distorsions fiscales qui se traduisent en des pertes en bien-être, pour les agents économiques, sauf dans le cas théorique de l'impôt forfaitaire, c'est-à-dire indépendant de l'activité économique d'un État comme celui de la CEMAC.

Comment peut-on donc résoudre ces problèmes de distorsions recoupées dans les réformes fiscales de la CEMAC ?

Depuis sa création, la CEMAC s'est attelée à uniformiser le régime fiscalo-douanier de la région et à mettre en place des directives. Mais beaucoup restent à faire. D'autres réformes exigent une réflexion non brutale. Parmi toutes ces réformes, la Taxe sur la valeur ajoutée est la réforme la plus réussie.

La Taxe sur la valeur ajoutée (TVA) est l'imposition générale sur la consommation et les dépenses.

En 1917, il apparaît en France l'imposition générale de la dépense lors de la première conférence mondiale, de multiples taxes sont imposées pour les besoins jusqu'en 1948. Il existait en France, à la création, de multiples taxes pour les besoins des deux guerres qui ont frappé le monde.

En 1952, monsieur Maurice Lauret écrit son ouvrage intitulé : « La TVA ». Il propose une taxe unique sur le chiffre d'affaires fondée sur le système de paiement fractionné et autorisant les déductions financières comme déduction physique.

Deux ans plus tard, une loi de 1954 crée la TVA, promulguée par décret le 30 avril 1955.

Dans un premier temps, il ne frappe que la production et le commerçant en gros.

Mais, avec la loi du 06 janvier 1966, elle est étendue au commerçant de détail, à l'artisanat et au prestataire de services.

Cette loi entre en application le 1er janvier 1968. Elle généralisera la TVA et sera étendue à tous les secteurs d'activités par la loi du 19 décembre 1978.

La directive du 11 avril 1967, complétée par celle du 17 mai 1977 (6e directive), du 16 décembre 1991 (suppression du taux), va atteindre d'autres pays de la communauté européenne. Alors, naît la TVA intra-communautaire d'origine et de régime définitif qui devrait normalement s'appliquer depuis 1997. Elle avait été abandonnée. Enfin, la TVA est donc devenue un impôt mondial.

Il faudra attendre février 1994 pour que l'acte UDEAC introduise la TVA en zone CEMAC en remplacement de la TCA de l'ICAI-TIT, TU et du timbre proportionnel, TIC, etc.

Ainsi, les pays suivants y entreront :

Le Cameroun	: 1998
La Centrafrique	: 2000
Le Gabon	: 1995
Le Tchad	: 2000
Le Congo	: 1997
La Guinée-Équatoriale	: 2005

Au niveau de la CEMAC, le mécanisme de calcul de la TVA se présente de la manière suivante :

Le mécanisme de la TVA fonctionne à chaque stade de la fonction ou de la distribution en cascade. Le redevable légal de la taxe doit calculer et facturer à son client une TVA qui vient s'ajouter au prix de vente. Il doit ensuite reverser au trésor la différence entre la TVA qu'il a encaissée, autrement appelée TVA collectée ou brute et la TVA qu'il a lui-même payée lors de l'acquisition auprès de son fournisseur de biens ou de services, qu'on appelle aussi TVA déductible. Cette différence est mensuellement versée à la caisse de l'État par une déclaration qui l'accompagne.

La TVA est donc calculée à partir du chiffre d'affaires, mais elle ne frappe que la valeur ajoutée au produit à chaque stade de la production et de la commercialisation.

Contrairement à l'expression « taxe sur la valeur ajoutée », cet impôt n'est pas calculé à partir de la valeur ajoutée au produit, mais à partir dune déduction taxe sur taxe.

Cette logique d'imposition est bien appréciée par Egret qui dit plus tard que c'est la plus grande invention du vingtième siècle.

La Directive n° 28 /99/CEMAC – 28 – CM – 03 du 17 décembre 1979, portant harmonisation des législations des États-membres en matière de la Taxe sur la valeur ajoutée et du droit d'accises (DA), permet à tous les États de la communauté de traiter de manière efficace et analogue les opérations de Taxe sur la valeur ajoutée d'un État à un autre.

Les différences d'ajout de centimes à la TVA pour un pays, de la différence de taux selon la marge accordée par la CEMAC, et de la spécificité de certains services qui s'occupent uniquement des exportations, expriment la divergence d'application de la TVA dans cette zone économique.

Les recommandations de la CEMAC sur la TVA restent les mêmes appliquées dans les États-membres de la communauté. Cependant, dans la pratique, le mécanisme de la TVA a été mal réceptionné dans certains États.

On observe l'application d'un impôt hybride qui est à cheval entre la TVA et l'ancien TCAI ou ICAI. Il est ainsi au Cameroun où on introduit le principe de décalage d'un mois de retenue à la source, pour ne citer que cela ; une pratique observée aussi au Congo.

Au Gabon, le recouvrement ne fait pas usage d'un avis de mise en recouvrement (AMR) et la TVA sur facture n'a pas des centimes additionnels (non déductibles) comme au Congo.

Les articles 161 à 225 de l'ancien Code général des impôts directs et indirects du Gabon statuent sur la Taxe sur la valeur ajoutée. Le nouveau code, lui, est en débat au niveau de l'assemblée.

La section 3, taux, en son article 177, précise les taux fixes sur la valeur ajoutée.

- 18% : taux général, applicable à toutes les opérations taxables à l'exclusion des opérations soumises au taux zéro.
- 0% : taux zéro, applicable aux exportations et aux transports internationaux.

Le taux zéro s'applique uniquement aux exportations ayant fait l'objet d'une déclaration visée par les services des douanes.

Les articles 201 à 203 précisent les procédures fiscales des opérations soumises à l'exportation.

Ces dispositions adhèrent aux pratiques congolaises de la TVA à l'exportation et aux transports internationaux.

Au Gabon, les exportateurs forestiers s'adressent à une société qui s'occupe de la gestion du port agrume auprès de laquelle toutes les taxes et droits sont libérés.

Dans tous les cas, les exportations doivent obéir aux mêmes conditions de traitement dans la CEMAC, d'autant plus que les exportations sont nécessaires à la détermination du pourcentage de déduction dont les procédures restent pratiques dans la directive qui réglemente la TVA dans les pays de la CEMAC (cf. le régime fiscal de la TVA des opérations de transport inter-États en zone CEMAC).

B- Dans l'UEMOA/CEDEAO

Les pays de la CEDEAO sont : Mali, Sénégal, Niger, Gambie, Guinée-Bissau, Sierra Leone, Libéria, Côte d'Ivoire, Burkina Faso, Nigéria, Togo, Bénin, Ghana, Cap-Vert.

L'Union douanière de l'Afrique australe et celle de la CEDEAO ont des mécanismes de compensation comparables. Certains pays africains craignent que la réduction ou l'élimination des tarifs douaniers perçus sur les échanges commerciaux avec leurs partenaires régionaux les prive d'une source importante de recettes publiques.

Les pays de l'Afrique de l'ouest regroupés au sein de la CEDEAO ne produisent pas du bois.

Les mesures d'urgence ont aggravé les effets néfastes de droits de porte déjà trop élevés. Les taux d'imposition excessifs et le caractère hétérogène du dispositif d'incitation sont à l'origine des distorsions considérables. Ces distorsions sont aggravées par une fraude que le système d'imposition lui-même favorise.

S'agissant du système de fiscalité interne et de développement, il est évident qu'indépendamment des difficultés d'administration, tout système de fiscalité interne devrait être fondé sur une Taxe sur la valeur ajoutée à champ d'application aussi vaste que possible : « La TVA est l'impôt qui permet le mieux de minimiser les distorsions économiques tout en étant susceptible de mobiliser des ressources substantielles et stables ».

- La TVA n'implique aucune charge fiscale sur les exportations qui sont assujetties au taux zéro : les exportations peuvent imputer la TVA supportée en amont ou en demander le remboursement.
- La TVA est neutre vis-à-vis du degré d'intégration dcs entreprises entre elles : à valeur ajoutée égale, la charge fiscale est identique pour « une chaîne » d'entreprises spécialisées. Elle ne crée donc pas d'effet de cascade.
- La TVA n'entraîne aucune protection puisque les importations supportent au titre de la TVA la même charge fiscale que les productions locales.
- La TVA ne pénalise ni l'investissement ni le stockage, puisqu'en l'absence de systèmes de butoir ou de restriction du champ d'application le contribuable peut obtenir le

remboursement ou l'imputation de la totalité de la TVA supportée au titre de ses dépenses d'investissement ou de constitution de stock.

La TVA constitue donc une forme de fiscalité neutre d'un point de vue économique.

Elle n'amoindrit pas la compétitivité des exportations qui sont exemptes de toute charge au titre de la TVA si cette dernière est d'application générale sans rupture de « chaîne ». De même, en traitant les importations comme les productions locales, elle n'introduit pas de biais contre ces dernières, sauf hypothèse de fraude.

Cependant, en raison de leur inachèvement, les systèmes de TVA appliqués dans les pays africains conduisent à des distorsions économiques graves. Ainsi, souvent, diverses productions et services ne sont pas inclus dans le champ d'application de la TVA : la TVA acquittée sur les intrants devient alors une charge définitive. Les restrictions de champ d'application, souvent d'une grande complexité, créent un handicap important pour les entreprises locales, qu'elles soient tournées vers les marchés intérieurs ou extérieurs.

Le cas des entreprises ivoiriennes explique les handicaps consécutifs au caractère partiel du champ d'application de la TVA.

a) Une société qui fabrique des sacs de jute destinés pour l'essentiel au conditionnement du cacao.

Initialement, cette activité était assujettie à la TVA. Mais les crédits de la TVA n'étaient pas remboursés aux exportations de cacao. Il a été décidé, voilà une quinzaine d'années, d'exonérer de TVA la production de sacs. Certes, la société n'acquitte pas de TVA sur ses importations de jute, mais seulement un droit fiscal d'entrée de 6%.

En revanche, les autres consommations intermédiaires sont assujetties à la TVA, qui devient un impôt définitif.

b) Une société ivoirienne d'aquaculture a pour objet l'exportation de « machoirons » frais (poisson-chat) vers l'Europe. Comme les affaires portant sur les poissons frais ne sont pas assujetties à la TVA, cette société ne peut se faire rembourser la TVA grevant ses intrants.

La règle du butoir, qui, pour des motifs budgétaires et de contrôle, permet d'éviter le remboursement de TVA à des entreprises en situation de crédit, rend également partielle l'application de la TVA. L'impossibilité de déduire la TVA pesant sur certaines consommations intermédiaires (carburants, agencements de magasins, équipements dans certains cas...) exerce un effet similaire.

C'est ainsi que les exonérations obtenues dans le cadre des dispositions ad hoc ne permettent pas une application générale de la TVA et en compliquent le contrôle dans certains cas. Ces exonérations constituent un handicap pour l'entreprise bénéficiaire par rapport à la situation où le système de TVA fonctionnait correctement.

Par exemple, la législation fiscale ivoirienne (art. 235 du CGF) prévoit une liste d'opérations exemptées de TVA et de TPS ne comportant pas moins de 48 alinéas. Parmi ces exonérations figurent les sacs de jute, le sisal, la glace hydrique, les plateaux à œufs en cellulose moulée.

Ces exonérations handicapent les entreprises exportatrices, d'où leur difficile application.

C- La France et l'Union européenne

En France, les exportations sont traitées conformément aux dispositions expliquées dans le livre de Jean Schmidt :

- L'expédition ou le transport d'un bien hors de la France métropolitaine à destination des départements de la Guadeloupe, de la Guyane, de la Martinique ou de la Réunion ;
- L'expédition ou le transport d'un bien hors des départements de la Guadeloupe ou de la Martinique à destination de la France métropolitaine, d'un autre État-membre de la Communauté européenne, des départements de la Guyane ou de la Réunion ;
- L'expédition ou le transport d'un bien hors des départements de la Réunion à destination de la France métropolitaine, d'un autre État-membre de la Communauté européenne, des départements de la Guadeloupe, de la Guyane ou de la Martinique.

Symétriquement, est considérée comme importation d'un bien l'entrée en France métropolitaine d'un bien en provenance des départements ci-dessus mentionnés.

Cependant, les prestations de transport sont en principe imposables pour la distance parcourue en France sous réserve des dispositions prévues pour les transports internationaux et, notamment, celles relatives aux transports intercommunautaires des biens.

Il en est de même des prestations accessoires au transport telles que la location de matériels servant à la protection des marchandises, le chargement, le déchargement et les manutentions accessoires.

Lorsque le prix du trajet parcouru en France est déterminé (transport ferroviaire par exemple), il constitue la base d'imposition. Dans le cas contraire, ce prix est calculé au prorata de la distance. Ceci relève du transport et prestation accessoires.

1- En France

Son relief ne permet pas à la France d'être comptée parmi les producteurs de l'or vert. Du coup, celle-ci est déclarée pays importateur de bois.

En l'état, il est difficile de faire un rapprochement des exportations des pays de la CEMAC et de la France. Ce qui permet de regarder les autres aspects d'exportation et accessoires de la législation fiscale française.

a- Définition des territoires d'exportation

Selon la législation fiscale française, sont considérés comme des territoires d'exportation les territoires ne faisant pas partie de la Communauté européenne définie à l'article 256-0 du CGI (ce qui diffère de la définition politique de l'Union européenne).

Il s'agit donc :

- des pays n'appartenant pas à l'Union européenne ;
- des territoires d'autres États-membres exclus du champ d'application de la 6e directive modifiée, ainsi que les îles anglo-normandes ;
- des territoires d'outre-mer et les collectivités territoriales de Mayotte et de Saint-Pierre-et-Miquelon ;
- des départements d'outre-mer, vis-à-vis de la métropole et d'autres États-membres.

Plus précisément, sont considérés comme des exportations :

- l'expédition ou le transport d'un bien hors de la France métropolitaine à destination des départements de la Guadeloupe, de la Guyane, de la Martinique ou de la Réunion ;
- l'expédition ou le transport d'un bien hors du département de la Réunion à destination de la France métropolitaine ou d'un autre État-membre de la Communauté européenne.

b- Détaxation de l'exportation

Les exportations vers les pays et territoires visés sont exonérées de TVA et ouvrent droit à la déduction (ou au remboursement, ou à la franchise) de la TVA grevant les éléments de leur prix de revient.

Le régime des exportations s'applique aux opérations suivantes :

- exportations effectuées par le vendeur ou pour son compte ;
- vente en France à un acheteur établi dans un territoire d'exportation qui prend à sa charge le transport hors de la France ;
- prestations de services directement liées aux exportations.

Le droit à déduction de la TVA ayant grevé le prix de revient des ventes à l'exportation n'est ouvert que lorsque la vente aurait été imposable si elle avait été effectuée à l'intérieur.

c- Exportations et services accessoires

Sont exonérées de TVA :

- les livraisons de biens expédiés ou transportés par le vendeur ou pour son compte, en dehors de la Communauté européenne ainsi que les prestations de services directement liées à l'exportation ;
- les livraisons de biens expédiés ou transportés, par l'acheteur qui n'est pas établi en France, ou pour son compte, hors de la Communauté européenne, à l'exclusion des biens d'équipement et d'avitaillement des bateaux de plaisance, des avions de tourisme ou de tout autre moyen de transport à usage privé, ainsi que les prestations de services directement liées à l'exportation.

d- Exportations de marchandises via un sous-traitant

Une entreprise A, établie en France, vend une marchandise à une entreprise B, également établie en France, qui revend cette même marchandise à une entreprise C, établie hors de la Communauté européenne. Dans le cas où B demande à l'entreprise A de livrer directement la marchandise à l'entreprise C, l'entreprise A peut prendre la qualité d'exportateur en justifiant l'exportation des biens par la production du document douanier sur lequel elle est mentionnée en tant qu'exportateur, et la société B comme destinataire.

Ainsi, l'entreprise A peut facturer l'entreprise B en exonération de TVA en application de l'article 262, 1-1° du CGI.

Dès lors que le transfert de propriété entre A et B intervient après dédouanement, la société B réalise une livraison dont le lieu d'imposition n'est pas situé en France, mais qui est exonérée en application de l'article 262, 1-1° du CGI.

Cas particuliers d'exportations

Conformément au document administratif, l'outillage pour la fabrication des produits exportés intéresse l'industriel qui construit une machine qu'il utilise pour la fabrication des biens exportés. Il est acquitté de TVA sur la livraison à soi-même s'il conserve la propriété de la machine. S'il la vend au client étranger, cette vente est soumise à la TVA dès lors que la machine elle-même n'est pas exportée. Lorsque le client est établi en dehors de la communauté, l'utilisateur français peut déduire la taxe qu'il a ainsi acquittée ou en demander le remboursement.

Chaque distributeur ou producteur effectue, lui-même, le calcul du montant d'impôt à payer chaque 15 ou chaque 20 du mois auprès du fisc.

L'Administration se contente, après tout, d'exercer les contrôles sur la comptabilité des entreprises.

La TVA est un impôt qui exerce un effet positif sur le développement économique, car elle le favorise et contribue au développement, à l'investissement et à l'exploitation.

La TVA frappe tous les produits qui entrent dans le territoire national, à l'exception de ceux qui sont limitativement énumérés par la loi. A ce niveau, ce sont les services des douanes qui attestent et taxent l'importation.

La TVA est l'espoir de sortie de crise et de maximisation du rendement fiscal. Cet impôt est relativement bien accepté, mais encore très fraudé dans le secteur de petites entreprises et de celui des services.

La CEMAC devrait imaginer la possibilité de réglementer cet impôt après son introduction pour le rendre d'application unique dans tous les pays de la sous-région.

S'agissant des exportations, au Congo, dans la zone CEMAC et la zone CEDEAO, les exportations sont taxables au taux zéro. Au Gabon, toute exportation est soumise au taux zéro.

Quant aux opérations accessoires à l'exportation, l'administration fiscale gabonaise fait une observation à toutes les entreprises et considère qu'une entreprise peut évoluer dans plusieurs secteurs dont celui des exportations qui peut être sa principale activité.

Ainsi, à partir de chaque activité s'appliquent les règles de la TVA à l'exportation conformément aux dispositions de la TVA et des directives de la CEMAC.

Toute entreprise dont la TVA est sous-entendue être une charge est déductible sur l'une des activités qui s'y prête. Mais l'évidence est que toute exportation non justifiée par des déclarations douanières engendre une TVA qui devient une charge et rentre dans le cadre des handicaps de la TVA (deviennent des facteurs de distorsions).

Toute exportation justifiée est admise au remboursement du crédit de la TVA par le service de TVA un mois après l'opération. Ce délai commence par atteindre trois mois ; ce qui est vigoureusement déploré par les Gabonais.

Pour lui permettre de faire un versement des recettes de la TVA au Trésor, le service des recettes de la TVA qui se charge du remboursement-liquide des crédits de cette taxe est obligé de limiter les remboursements du mois, conformément à la limitation accordée par la loi TVA (art. 180-185) et suivant le chapitre 3 des modalités pratiques qui s'appuient sur la section des obligations des assujettis.

Une autre difficulté rencontrée relevait du remboursement du crédit de la TVA relatif au carburant livré aux avions des vols internationaux, pour laquelle il a fallu résolument mettre en place un dispositif de contrôle douanier et, au même moment, accorder aux sociétés aériennes de transports internationaux le remboursement de ce crédit.

Le carburant utilisé dans les ambassades ne pose aucun problème, ce dernier doit tout simplement obéir aux limites des contingents fixés par les services compétents.

Toutefois, le ministre en charge précise que ces mesures sont applicables sous réserve du respect du principe de la réciprocité dans les traitements et avantages accordés aux représentations gabonaises et leur personnel à l'étranger.

Il est bien évident que les représentations diplomatiques, postes consulaires et représentations des organisations internationales devront expressément en apporter la preuve écrite établie par les autorités compétentes de leurs pays respectifs.

La Société nationale de Bois du Gabon (SNBG) est une entreprise forestière qui achète le bois à tout exploitant forestier, (Quantin Georges, Hassan, CEB, Olam Gab.) en vue d'exporter.

Parmi les plus grandes sociétés forestières du Gabon, la SNBG a un partenariat avec des transitaires qui se chargent du traitement particulier des activités accessoires aux exportations et en font leur activité principale sur laquelle ils sont imposés en matière de TVA par leurs droits perçus à la SNBG comme débours ou autres frais (magasinage, installation, embarquement, débarquement,...)

En dépit des procédures administratives relatives à l'imposition des activités liées à l'exploitation forestière, le bois est soumis à un cahier de charge conventionnel qui ne résout pas la polémique entre l'administration financière, forestière et les exploitants forestiers pour lesquels certains textes administratifs sont considérés comme illégaux. Pour ce faire, nous recommandons qu'une charte soit mise en place comme dans certains pays d'Europe, où elle est appelée charte du contribuable, car celle-ci mettra en exergue les droits et les obligations des uns et des autres.

Cependant, les entreprises forestières du Congo sont régies par le code forestier.

Leur exploitation, comme dans d'autres pays de la CEMAC, est initialement autorisée par un permis d'exploitation du ministère de l'Économie forestière.

Tous les permis d'exploitation ont une durée précise d'un an. Ceci oblige les entreprises à couper toutes les essences utiles, même par fermage, faute de quoi, un retour au domaine annulera toute exploitation, et les droits du permis seront non remboursables à l'exploitant.

Les sociétés forestières congolaises regroupées autour du Groupement des Forestiers du Congo (GFC), d'une part, pour résoudre les problèmes des routes qui permettent de sortir les essences abattues vers les parcs et UNICONGO, syndicat des forestiers, pour présenter à l'Administration les problèmes rencontrés dans le cadre de l'exploitation forestière et les textes qui s'appliquent sur leur exploitation, d'autre part, permettent d'organiser le plan d'action de tout exploitant, à travers les textes réglementaires. Il est bien évident que certains textes concernant une série de taxes soient jugés illégaux par les exploitants forestiers.

Durant leur exploitation, ces entreprises rencontrent des difficultés de toute nature, qui influent particulièrement sur la TVA.

Les routes constituent la première spécialité exclusive que l'État a résolument accordé à GFC afin de résoudre le problème d'enclavement de la zone d'exploitation et d'entretien des pistes non adaptées pour le transport du bois vers les centres d'exportation : Brazzaville ou le Cameroun, pour les entreprises de la zone nord, et vers Pointe-Noire, pour les entreprises de la zone sud.

Le transport du bois assuré par les sociétés étrangères est totalement exonéré de TVA.

Le carburant utilisé et le personnel de ces véhicules de transport posent deux problèmes différents :

- Le carburant, lui, en dépit de la quantité largement insuffisante, est exonéré de TVA quand il est utilisé pour l'exploitation ;

- Il est taxable au taux normal quand il est utilisé de manière domestique.

La question reste celle de savoir comment faire la distinction entre le carburant utile pour les besoins domestiques et celui qui a servi à l'exploitation.

La distinction est plus difficile à FORALAC pour des raisons de structures de conservation.

Elle est plus réaliste à CIB, à condition qu'il soit placé auprès de ces entreprises un agent des douanes.

L'insuffisance du carburant au nord du Congo entraîne (offre) une demande vers le Cameroun.

Elle présage un partenariat avec les sociétés pétrolières du Congo.

La quantité de bois exploité est différente de celle destinée à l'exportation ; en raison d'aspects techniques pour lesquels, sur 90% du bois coupé, il est recommandé que le tiers soit exporté et le reste utilisé sur place par une industrie de ménage à l'entreprise soit pour la fabrication des meubles à vendre, soit pour la construction, et le reste incinéré pour créer une autre source d'énergie.

Toutes ces précisions permettent de retrouver la base d'une TVA collectée pour chacune des entreprises qui sera finalement déclarée à l'administration fiscale.

La France par contre exonère les exportations et ouvre droit à déduction (remboursement ou à la franchise) de la TVA, grevant les éléments de leur prix de revient. Les exportations et services accessoires en France sont exonérés de TVA. Suivant l'art. 262, I du CGI, sont exonérées en France :

- les opérations de livraisons de biens expédiés ou transportés par le vendeur, ainsi que les prestations de services directement liées ;
- les marchandises via sous-traitance.

Cas particulier : L'industriel qui construit une machine, qu'il l'utilise pour la fabrication des biens exportés, acquitte la TVA sur la livraison à soi-même s'il conserve la propriété de la machine.

Un remboursement peut être demandé si le client est établi en dehors de la communauté, et/ou déduire la taxe.

Au Congo, comme dans la zone CEMAC, les accessoires sont pour certains soumis au régime normal pour une exportation taxable au taux « 0 ». Ce qui est incompatible. En zone CEDEAO, et en zone CEMAC, la TVA sur intrants devient une charge.

La mise en place d'instruments de contrôle pour l'exportation du bois suscite des conditions supplémentaires au Congo et au Gabon. Ces conditions ne sont pas encore classées comme opérations accessoires liées à l'exportation.

A quel taux sont soumises ces opérations ? Sont-elles exonérées ? C'est à cet ensemble de questionnements qu'il convient de répondre sous forme de perspectives et recommandations pour compléter la 6e directive, en général, et la directive 99/CEMAC-28-CM-03 du 17/12/1979, en particulier, ainsi que la question des intrants (TVA sur le carburant, sur l'énergie, agencements des magasins, équipements, etc.).

Section 2. Approche comparative et perspectives

Il est établi dans tous les pays qui pratiquent la TVA que celle-ci est d'imposition générale sur la consommation et les dépenses.

Cette TVA trouve ses origines en 1917, lorsqu'elle apparaît en France comme une imposition générale de la dépense. Mais c'est La loi de 1954 qui l'institue concrètement. Elle est ensuite promulguée par le décret du 30 avril 1955.

Tour à tour, la TVA, dans sa pratique, est restructurée en frappant la production, les commerçants en gros.

La loi du 06/01/1966, consacrée à la pratique de la TVA aux détaillants, à l'artisanat et au service, c'est elle, en application depuis le 1er janvier 1968, qui généralise celle-ci.

La loi du 19/12/1978 l'étend aux professions libérales et à tous les secteurs d'activités. La sixième directive du 16/01/1991 étend l'invention française aux autres pays de la Communauté européenne et alors naît la TVA intra-communautaire d'origine.

Ce régime définitif qui devrait normalement s'appliquer depuis 1997 avait été abandonné. Ainsi, la TVA est donc devenue un impôt mondial.

Cet impôt remplace, en zone CEMAC, la TCAI, l'ICAI, TIT, TU, le timbre proportionnel, etc.

La TVA, devenue mondiale, obtient le même mécanisme.

En France, en zone CEDEAO, ainsi qu'en zone CEMAC, la TVA est calculée à partir du chiffre d'affaires hors taxe avec déduction de la TVA sur toutes les factures d'achat.

Dans certains pays de la CEMAC, cet impôt a été mal réceptionné, ce qui fait observer l'application d'un impôt hybride qui se trouve à cheval entre la TVA et l'ancien TCAI ou ICAI.

En zone CEDEAO, les mesures d'urgence ont aggravé les effets néfastes de droits de porte déjà trop élevés. Cet impôt déjà mis en pratique depuis 1960 se retrouve avec des taux d'imposition excessifs grâce au caractère hétérogène du dispositif d'incitation, ce qui engendre des distorsions considérables. Ces distorsions sont aggravées par une fraude que le système d'imposition lui-même favorise.

Ce ne sont pas les difficultés d'administration qui font que le système de fiscalité interne et de développement rétrécisse le champ d'application de la TVA.

En réalité, la TVA est l'impôt qui permet le mieux de minimiser les distorsions économiques. La TVA a été déclarée en zone CEMAC comme impôt expérimentalement réussi. Cet impôt présente l'avantage d'être neutre sur le plan économique.

L'imposition est la même quelle que soit la longueur du circuit de production ou de distribution. Par son caractère indolore, celui qui verse l'impôt n'est pas celui qui le supporte effectivement. Pour qu'elle soit déductible, il faut qu'elle remplisse toutes les conditions légales de déductibilité.

A- Les perspectives et/ou recommandations

La Taxe sur la valeur ajoutée (TVA) est un impôt qui frappe les opérations effectuées par les hommes, les femmes, les enfants, les adultes, les vieillards, les bébés, les valides, les invalides, bref tous ceux qui sont prêts à consommer.

Au regard de tout cela, il se pose un problème d'unicité ou de pluralité des taux d'imposition, qui n'est pas aussi fondamental que celui des déductions.

A propos des directives de la CEMAC, comme dans la zone CEDEAO, il a été retenu respectivement un taux unique de 18%, d'une part, et 15%, d'autre part.

- Les exportations doivent être taxées au taux de 0%, les intrants et les accessoires à l'exportation également.

En effet, si les exportations sont exonérées, les calculs du taux de déduction seront faussés. Car toute exonération ne contribue pas à la détermination du pourcentage de déduction.

Les accessoires aux exportations doivent être taxés au taux de 0%, ou même exonérés pour toute exportation.

- Qu'une clarification soit faite entre les dispositions de la TVA et celles des droits d'enregistrement pour éviter les doubles impositions.
- Qu'un aménagement de l'imprimé CA3, relatif à la déclaration du chiffre d'affaires, soit fait pour permettre un contrôle des franchises administratives ou des conventions d'établissement par les UGE. A cet effet, une ligne traitant des opérations taxables, mais détaxées du fait de l'application des franchises

administratives ou des conventions d'établissement, doit être prévue.

- Qu'une note circulaire précise pour l'administration fiscale exige le dépôt de bilans et autres documents annexes des entreprises assujetties à la TVA au service de l'Unité des Grandes Entreprises compétente pour la détermination du prorata définitif prévu à l'article 24.
- Pour minimiser les distorsions économiques, la TVA doit avoir un champ d'application très vaste.
- Les principes de calcul, de déduction, de reversement, et la taxation doivent être observés partout où la TVA est pratiquée et conformément à la 6e directive, en dépit des handicaps auxquels sont confrontées les administrations, ce qui génère souvent des distorsions économiques.
- Ne doivent être taxées au taux zéro que les exportations ayant fait l'objet de déclaration visée par les services des douanes (condition sine qua non), même si une autre condition conventionnelle peut s'y ajouter (SCFPE) pour les forestiers au Congo.

Au terme de l'article 22, il faut entendre par opérations soumises à la TVA les opérations taxables, et donc ouvrant droit à déduction.

Mettre au numérateur du rapport déterminant le prorata de déduction les opérations taxables, mais détaxées par l'application des franchises administratives ou des conventions d'établissements.

CONCLUSION

L'institution de la TVA au Congo émane d'une volonté de l'ensemble des pays de la sous-région regroupés autour de l'UDEAC/CEMAC.

C'est donc grâce à la loi n° 12/97 du 12 mai 1997 portant institution de la Taxe sur la valeur ajoutée que la TVA a été instituée au Congo. C'est aussi à la faveur de la Directive 99/CEMAC-28-CM-03 du 17 décembre 1979 qu'elle a été instruite dans la zone CEMAC.

Sur l'expérience gabonaise, la TVA a été instaurée au Congo dans le cadre d'un processus de mondialisation du système fiscal.

Initié au milieu des années 60, ce processus a franchi une étape décisive avec l'adoption de la taxe sur le chiffre d'affaires (TCA). Il s'est consolidé grâce au remplacement progressif du système cédulaire mis en place à l'époque coloniale.

L'avènement de la TVA constitue un niveau décisif sur la voie de la modernisation. Toutefois, il reste beaucoup à faire pour l'ensemble des contribuables.

La Direction générale des Impôts entreprend depuis bientôt sept ans unc vulgarisation de la loi par des séminaires et des campagnes d'explication, à travers les conférences de législation, les services d'enquêtes des UGE de Brazzaville et de Pointe-Noire, ainsi que l'antenne de Ouesso.

Le but visé par l'État, c'est de donner une application parfaite et complète de la loi 12/97 du 12 mai 1997.

Le remboursement de crédit de la TVA devra être automatique sur les livraisons à soi-même.

La société qui assure le transport de ces produits effectue une opération considérée comme une livraison à soi-même (LSM) soumise à la TVA. Il est évident qu'une livraison à soi-même soit soumise à la TVA à 18%.

Pour les sociétés forestières, il faudra bien que les permis permettent au Service de contrôle des produits forestiers d'évaluer d'abord la production puis les exportations.

La différence est bel et bien une livraison à soi-même taxable au taux normal. Toutes les opérations accessoires à cette livraison seront aussi taxées à 18%, afin de minimiser les distorsions.

Le NIU, déjà mis en place, va éradiquer les multiples fraudes opérées par les entreprises de prestation des services, d'où l'obligation de son usage à tout opérateur économique.

Le NUI a déjà créé la recette quand les contribuables ont en fait la demande, mais le NIU n'a pas encore accompli son rôle de porteur d'informations vers toutes les administrations.

Les sociétés et les services de contrôle doivent :

- respecter les accords de I'OMC à l'inspection avant toute expédition (nature du produit et inconvénients) ;
- Remplacer la notion de recettes par celle de chiffre d'affaires dans les deux termes du rapport permettant le calcul du prorata de déduction ;
- Créer donc une disposition nouvelle qui traitera du principe de l'affectation, surtout dans les exonérations et les déductions.

Les exonérations rétrécissent le champ d'application de la TVA qui est un gros handicap créé par l'Administration à travers la législation fiscale. Ce qui favorise bien, non seulement la décroissance des recettes de la TVA, mais aussi les distorsions qui engendrent de multiples fraudes.

Les déductions sont aussi un pend de distorsions que l'administration fiscale se permet de transiger.

Les recettes de la TVA globalement sont en progression substantielle. Cela fait de la TVA l'impôt pivot de la transition fiscale sous réserve de l'application de « bonnes règles ».

Ainsi, une TVA à taux unique constitue la bonne pratique :

- L'assiette de la TVA doit être aussi étendue que possible en incluant progressivement l'ensemble des consommations de base ;
- Les seuils d'assujettissement doivent être élevés, car abaisser les seuils conduit paradoxalement à la perte des recettes ;
- L'absence d'exonérations doit être la règle en matière de TVA ;
- La TVA est antinomique des exonérations.

Il est donc nécessaire de mener une action pédagogique en direction du réseau décisionnel (parlement, opérateurs économiques...) aux fins d'adhésion aux bonnes règles de la TVA.

En réalité, les exonérations n'ont pas un effet déterminant sur les investissements qui dépendent d'abord d'autres critères comme la stabilité (économique et politique) du pays, la solidarité du système bancaire, etc.

Par ailleurs, en raison de pertes des recettes et de distorsions qu'elles entraînent, les exonérations remettent en cause la cohérence, et donc l'efficacité du système fiscal, et mettent en péril la transition fiscale.

D'une manière générale, les exonérations doivent être supprimées, y compris celles relatives aux projets financés par l'extérieur.

Après le champ d'application, les taux, les déductions et les exonérations, dans le cadre des échanges entre pays-membres de la CEMAC et les tiers, la TVA aux exportations constitue des opérations qui favorisent les échanges, conformément aux règles de l'OMC, et engagent chaque pays exportateur sur le chemin de la mondialisation.

Lorsqu'on traite des exportations, il convient d'aligner immédiatement les accessoires aux exportations. En effet, dans la pratique au Congo, les exportations sont des opérations qui se caractérisent à partir d'un marché bien précis : expédier un produit destiné à être utilisé ou consommé dans un autre pays que celui où il est exploité.

De son exploitation à son embarquement, la législation fiscale prévoit en matière de TVA des dispositions du Code général des impôts, de la loi 12/97/ du 12 mai 1997 (art. 17).

A ce sujet, deux cas se présentent :

- L'entreprise exporte elle-même, ou l'exportation est réalisée par une tierce personne (physique ou morale) ; si l'exportation est réalisée par l'entreprise elle-même, il s'agit d'une livraison à soi-même. Le principe voudrait que les opérations accessoires soient aussi taxables au taux normal ou exonéré (il a été précisé en cas d'exportation que la livraison à soi-même est exonérée de TVA).

Cependant, l'exportation réalisée par une entreprise tierce est normalement taxable à 0%, si cette exportation est justifiée par les quittances de douanes, les accessoires à l'exportation taxables au taux normal créant ainsi un paradoxe. Ce paradoxe induit une charge définitive de la TVA grevant les intrants (art. 20). D'où, il serait donc souhaitable que les exportations soient taxables logiquement au taux zéro en vue de respecter les normes de calcul du prorata à déduction et les accessoires à l'exportation totalement exonérés de TVA.

La mise en place d'entreprises de contrôle comme la SGS SA et le Service de contrôle des produits forestiers va permettre aux exportateurs de trouver la véritable règle de jeu, car, lorsque la loi est transigée, l'Administration crée des distorsions graves et prête le flanc à la fraude les entreprises de prestations de services.

Les échanges ne sont-ils pas harmonisés dans la CEMAC pour des causes conjoncturelles et structurelles dont les États-membres font prévaloir ?

Ces pays ont-ils fait un choix qui mondialise (La vigne ; 2000) ?

A notre avis, trois choix peuvent être des vecteurs de la mondialisation au niveau de l'Afrique centrale, il s'agit de la convergence des politiques macroéconomiques et sectorielles, la mise en œuvre de projets intégrateurs, la prise en compte du Nigéria.

Sur les traces de l'UEMOA, la Communauté économique et monétaire des États de l'Afrique centrale se doit de suivre l'exemple des pays de la CEDEAO pour une bonne intégration régionale en se basant sur les grands principes déjà mis en pratique grâce à la dextérité d'Adebayo Adedeji, (commissaire fédéral au développement économique du Nigéria), l'un des plus importants partisans de l'intégration régionale des années 70. Monsieur Adebayo a joué un rôle de premier plan dans les négociations qui ont mené à la création de la Communauté économique des États de l'Afrique de l'Ouest (CEDEAO). Le sieur, au poste de secrétaire exécutif de la Commission économique des Nations unies pour l'Afrique (CEA) de 1975 à 1993, a activement soutenu la formation d'autres alliances régionales, dont l'Accord de Commerce préférentiel (ACP) qui deviendra quelques années plus tard le Marché commun de l'Afrique orientale et australe (COMESA) ;

Lors du forum africain du développement, organisé à Addis-Abeba du 03 au 08 mars 2003, il a prononcé un discours aussi important sur « l'histoire et les perspectives de l'intégration régionale en Afrique ».

L'intégration régionale exige l'ouverture des routes qui traversent l'Afrique de l'est à l'ouest, du nord au sud, sans oublier le développement des autoroutes de l'information. S'ensuivra l'harmonisation du commerce international comme condition d'échange ; en impliquant rigoureusement tous les pays au respect des directives et recommandations des accords.

Il suffira de mettre en place des indicateurs comme la TVA sur laquelle des États se doivent une application stricte. Une TVA d'application interne n'a aucune conséquence sous-régionale, il s'agit d'approfondir l'applicabilité de cette TVA sur les exportations.

Les exportations et les activités accessoires devant cet indicateur (TVA) devraient avoir une même application dans tous les États en vue de protéger les normes d'échanges. La France exonère la TVA sur les exportations ainsi que les activités liées aux exportations : corollaire du système de détaxe.

L'expérience gabonaise, que le Congo souhaite appliquer en matière de TVA sur les exportations, se veut unique au regard de la directive TVA de la CEMAC.

En pratique, quelques divergences méritent des corrections ; ces divergences sont inhérentes à la manière dont l'Administration transige la loi pour les besoins de recettes.

L'application de la TVA sur les exportations des produits forestiers au Gabon comme au Congo justifie la convergence. En dehors des exportations forestières, serait-il souhaitable de faire une proposition de taux sur l'activité accessoire aux exportations ? L'affirmative nous obligerait à mettre en place un taux rentable qui nécessite au préalable la mise en place d'une commission composée de tous les techniciens des administrations concernées afin de préparer le projet.

Les institutions de la CEMAC, notamment son parlement, sont conviées à y remédier dès leurs premiers travaux. Les parlements des États-membres vont bientôt laisser place aux gouvernements qui devront travailler en commun accord avec les parlementaires de la CEMAC.

Cependant, les accords de Kyoto vont à l'encontre de l'exploitation exagérée des forêts afin de préserver la couche d'ozone de la deuxième réserve mondiale ; voilà pourquoi la forêt équatoriale nécessite une attention particulière pour l'avenir de cette exploitation ; ainsi est posé simultanément l'avenir de l'application de la Taxe sur la valeur ajoutée (TVA) sur les exportations des produits forestiers. Ceci est un problème qui attend la volonté de tous les gouvernements de la sous-région et attend la perspective de la CEMAC pour taire résolument toutes les difficultés, suivant les accords de l'OMC et les dispositions du plan comptable OHADA.

TABLE DES MATIÈRES

Questions juridiques

aux éditions L'Harmattan

Dernières parutions

CONCILIATION ET MÉDIATION PRUD'HOMALES
Collectif GEMME-France
À l'initiative du Groupement européen des magistrats pour la médiation, conseillers prud'hommes, juges départiteurs, magistrats des cours d'appel et de la Cour de cassation ainsi que syndicalistes dressent ici un état des lieux et lancent des pistes de réflexion pour améliorer la qualité et l'efficacité de l'institution prud'homale. La question de la médiation prud'homale y est abordée avec les débats qu'elle suscite.
(12.00 euros, 108 p.)
ISBN : 978-2-343-00955-1, ISBN EBOOK : 978-2-296-53756-9

INTELLIGENCE (L') TERRITORIALE, UNE NÉCESSITÉ
Fath Bernard - Préface de Gérard Marcou
L'enjeu majeur pour les années à venir serait pour les collectivités territoriales de se doter des moyens propres à imaginer leur futur. Cependant l'État retire son ingénierie des territoires et s'ouvre sur les privatisations concurrentielles... Des solutions s'imposent, l'intelligence territoriale apparaît comme une hypothèse nécessaire pour impulser un futur mis en prospective. Le monde local foisonne d'initiatives propres à donner corps à l'intelligence territoriale.
(Coll. Grale, 27.00 euros, 274 p.)
ISBN : 978-2-343-00778-6, ISBN EBOOK : 978-2-296-53772-9

MARCHÉS (LES) PUBLICS À PROCÉDURE ADAPTÉE – Entre liberté et contrainte pour les collectivités territoriales
Ravignot Béatrice
Cette étude met en évidence les limites de la liberté octroyée aux pouvoirs adjudicateurs par le Code des marchés publics, dans le cadre de la conclusion de marchés à procédure adaptée. Du lancement de la procédure jusqu'au choix de l'attributaire et ses conséquences, les collectivités territoriales restent en effet soumises à des contraintes formelles ou procédurales, qui sont souvent identiques ou proches de celles existant dans le cadre des procédures formalisées.
(Coll. Master Collectivités territoriales et politiques publiques, 16.50 euros, 162 p.)
ISBN : 978-2-343-00223-1, ISBN EBOOK : 978-2-296-53768-2

FRANCE INTERCOMMUNALE (LA) – Regards sur la loi de réforme des collectivités territoriales du 16 décembre 2010
Sous la direction de Pierre-Yves Monjal et Vincent Aubelle
Les communautés de communes, d'agglomération et urbaines et autres métropoles, ne vont-elles pas porter un coup définitif à l'organisation décentralisée

de la République ? La France n'est-elle pas sur le point de changer de mode de gouvernance locale en recourant à des procédés politiques et juridiques fondés sur les notions de mutualisation, de territoire pertinent, de développement, de communautarisation ?
(Coll. Grale, 39.00 euros, 406 p.)
ISBN : 978-2-336-29370-7, ISBN EBOOK : 978-2-296-53725-5

TRAITEMENT DES RESPONSABILITÉS CIVILE ET PÉNALE
Approche comparée en droit français et iranien
Nory Yoshanloey Jafar
La distinction contemporaine n'a pu empêcher le rapprochement pratique des responsabilités civile et pénale tant en droit français qu'iranien. Il apparaît qu'à la fonction réparatrice de la responsabilité civile peut s'additionner une fonction punitive qui s'incarnerait dans «la peine privée», et à la fonction répressive de la responsabilité pénale une fonction réparatrice appelée «restitution pénale». Ces deux modes de responsabilité doivent se rejoindre dans une cohérence juridique afin que la justice soit rendue avec une dimension sociale.
(Coll. Sciences criminelles, 35.00 euros, 348 p.)
ISBN : 978-2-336-29122-2, ISBN EBOOK : 978-2-296-53750-7

JACQUES VERGÈS – Un aristocrate de refus
Charvin Robert - Préface de Hervé de Charette
J. Vergès, avocat des causes difficiles, ne laisse personne indifférent. Il est l'ennemi de certains ayant fait son procès dans quelques mauvais livres mais l'ami des simples gens, l'encourageant à combattre encore et toujours les puissants. Sa vie est un roman, mais il n'est pas question de faire un roman de sa vie : il conserve son mystère comme tout homme dans sa complexité. Un avocat qui possède en lui des éléments de dignité, qui a dévoré sa vie avec sincérité.
(13.50 euros, 120 p.)
ISBN : 978-2-343-00533-1, ISBN EBOOK : 978-2-296-53645-6

SANG (LE) ET L'ENCRE – Et si Christian Ranucci était innocent ?
Le Meur Yann
Christian Ranucci, 22 ans, est guillotiné le 28 juillet 1976 à Marseille pour l'enlèvement et le meurtre d'une fillette de 8 ans. De la fin de l'instruction au pied de l'échafaud, où il demande à ses avocats de le réhabiliter, il a toujours clamé son innocence. S'appuyant sur des contre-enquêtes relatives à l'affaire, le dossier pénal et de longues investigations documentaires et de terrain, ce livre aboutit à des conclusions, toutes dans le sens de l'innocence de Ranucci.
(29.50 euros, 302 p.)
ISBN : 978-2-343-00604-8, ISBN EBOOK : 978-2-296-53558-9

IMMIGRÉ (L') ET LA GESTION DU PATRIMOINE
Loubassou Nganga Maixent
Cet ouvrage met à la disposition des personnes qui viennent d'arriver en France et qui ne connaissent pas l'environnement fiscal, juridique, bancaire et financier français, des outils indispensables pour une gestion optimale de leur patrimoine : choisir le meilleur régime matrimonial, organiser ou réorganiser de façon

optimale leurs placements, trouver des produits de défiscalisation adaptés, choisir le meilleur placement immobilier.
(Coll. Pour Comprendre, 12.00 euros, 106 p.)
ISBN : 978-2-336-30090-0, ISBN EBOOK : 978-2-296-53639-5

ADMINISTRATION PÉNITENTIAIRE ET JUSTICE
Un siècle de rattachement
Sous la direction de Paul Mbanzoulou et François Dieu
Depuis le décret du 13 mars 1911, l'administration pénitentiaire est rattachée au ministère de la Justice. Au-delà de l'éclairage historique, qui occupe une place notable dans cet ouvrage, les contributions réunies ici examinent le positionnement actuel de l'administration pénitentiaire, ainsi que ses perspectives d'évolution à la lumière de quelques expériences étrangères.
(Coll. Criminologie, 26.00 euros, 256 p.)
ISBN : 978-2-343-00412-9, ISBN EBOOK : 978-2-296-53667-8

DÉMOCRATIE (LA) LOCALE À LA RECHERCHE D'UN NOUVEAU SOUFFLE
Marceau Anne - Préface de Gérard Marcou
Comment peuvent se concilier démocratie représentative et démocratie participative ? La multiplication des procédures de consultation ne nuit-elle pas à leur efficacité ? Quels seront les acteurs de la démocratie locale demain : les élus, les citoyens, les habitants, les usagers ? Les outils de démocratie locale mis en place ces dernières années constituent-ils un véritable renouveau ou apparaissent-ils comme le simple rhabillage de formules anciennes ?
(Coll. Grale, 32.00 euros, 308 p.)
ISBN : 978-2-343-00118-0, ISBN EBOOK : 978-2-296-53527-5

CONSEIL (LE) DES DROITS DE L'HOMME ET SES PRINCIPAUX MÉCANISMES
Bilan et perspectives d'actions pour le Burkina Faso à l'entame de son second mandat de membre
Merindol Ouoba Clarisse
Le Conseil des droits de l'homme a remplacé la Commission des Nations unies aux droits de l'homme. Cet ouvrage contribue à la dynamique de promotion et de protection de ces droits, notamment à travers les actions entreprises par cet important organe du système des Nations unies, dont le Burkina Faso est membre depuis 2008. L'auteur apporte un regard personnel sur les quatre années de présence de ce pays en son sein.
(14.50 euros, 142 p.)
ISBN : 978-2-336-29180-2, ISBN EBOOK : 978-2-296-53513-8

NOUVEAU (LE) DROIT DU PROCÈS ADMINISTRATIF
Les évolutions choisies, les évolutions subies
Sous la direction de Jacques Fialaire et Jerry Kimboo
Plus de 10 ans après l'entrée en vigueur du Code de justice administrative, l'office du juge s'est profondément transformé. Parmi les évolutions subies par le juge administratif figure l'institution du «rapporteur public», mettant en

harmonie le contentieux administratif avec le principe d'égalité des armes entre les parties, développé dans la jurisprudence de la Cour EDH. Certaines innovations procédurales destinées à accélérer l'instruction des affaires semblent, quant à elles, davantage choisies.
(Coll. Logiques Juridiques, 22.00 euros, 224 p.)
ISBN : 978-2-343-00571-3, ISBN EBOOK : 978-2-296-53519-0

GOUVERNER, ADMINISTRER RÉVOLUTIONNAIREMENT : LE COMITÉ DE SALUT PUBLIC
(6 avril 1793 - 4 brumaire an IV)
Matta-Duvignau Raphaël - Préface de Vida Azimi
Le comité de salut public se présente comme la commission de la Convention nationale ayant pris en charge, du 6 avril 1793 au 4 brumaire an IV, la surveillance, le contrôle et la direction des fonctions gouvernementales et administratives tout en ayant exercé une dictature soutenue par la Terreur. Cette étude explique comment le Comité, initialement conçu comme simple instrument de la Convention, est devenu le principal sujet actif du Gouvernement révolutionnaire.
(Coll. Logiques Juridiques, 59.00 euros, 732 p.)
ISBN : 978-2-336-29065-2, ISBN EBOOK : 978-2-296-53498-8

CONCLUSION (LA) DES CONTRATS ÉLECTRONIQUES
Étude de droits africains et européens
Kabre Windpagnangde Dominique
Les contrats électroniques se distinguent des contrats formés entre parties présentes ou conclus par les moyens traditionnels de communication à distance. Ces caractéristiques donnent lieu à un mode technique particulier de conclusion des contrats, régi par des règles juridiques qui constituent ce qu'on appelle le «droit spécial des contrats électroniques». L'ouvrage montre que ce droit spécial engendre un processus de formation du contrat différent de celui du droit commun des contrats, tant en droit burkinabé et de la CEDEAO qu'en droit européen, belge et français.
(Coll. Etudes africaines, 52.00 euros, 584 p.)
ISBN : 978-2-336-29211-3, ISBN EBOOK : 978-2-296-53666-1

L'HARMATTAN ITALIA
Via Degli Artisti 15; 10124 Torino

L'HARMATTAN HONGRIE
Könyvesbolt ; Kossuth L. u. 14-16
1053 Budapest

L'HARMATTAN KINSHASA
185, avenue Nyangwe
Commune de Lingwala
Kinshasa, R.D. Congo
(00243) 998697603 ou (00243) 999229662

L'HARMATTAN CONGO
67, av. E. P. Lumumba
Bât. – Congo Pharmacie (Bib. Nat.)
BP2874 Brazzaville
harmattan.congo@yahoo.fr

L'HARMATTAN GUINÉE
Almamya Rue KA 028, en face du restaurant Le Cèdre
OKB agency BP 3470 Conakry
(00224) 60 20 85 08
harmattanguinee@yahoo.fr

L'HARMATTAN CAMEROUN
BP 11486
Face à la SNI, immeuble Don Bosco
Yaoundé
(00237) 99 76 61 66
harmattancam@yahoo.fr

L'HARMATTAN CÔTE D'IVOIRE
Résidence Karl / cité des arts
Abidjan-Cocody 03 BP 1588 Abidjan 03
(00225) 05 77 87 31
etien_nda@yahoo.fr

L'HARMATTAN MAURITANIE
Espace El Kettab du livre francophone
N° 472 avenue du Palais des Congrès
BP 316 Nouakchott
(00222) 63 25 980

L'HARMATTAN SÉNÉGAL
« Villa Rose », rue de Diourbel X G, Point E
BP 45034 Dakar FANN
(00221) 33 825 98 58 / 77 242 25 08
senharmattan@gmail.com

L'HARMATTAN BÉNIN
ISOR-BENIN
01 BP 359 COTONOU-RP
Quartier Gbèdjromèdé,
Rue Agbélenco, Lot 1247 I
Tél : 00 229 21 32 53 79
christian_dablaka123@yahoo.fr

Achevé d'imprimer par Corlet Numérique - 14110 Condé-sur-Noireau
N° d'Imprimeur : 109545 - Dépôt légal : juin 2014 - *Imprimé en France*

www.ingramcontent.com/pod-product-compliance
Lightning Source LLC
LaVergne TN
LVHW011017061026
849535LV00006B/1929